孤独症孩子希望你知道的十件事

[美] 埃伦·诺特波姆（Ellen Notbohm）著
秋爸爸 燕原 译

Ten Things Every Child with Autism Wishes You Knew
Third Edition

第3版
最新增订版

華夏出版社
HUAXIA PUBLISHING HOUSE

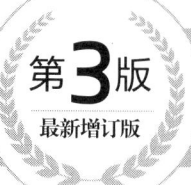

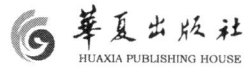

赞誉之词

"这本书的第 3 版真是惊人,绝对必读。作者埃伦从孤独症世界和孤独症人士的世界中吸取如此多的智慧,并且将这些智慧倾注到了自己的工作中,我被折服了。去买一本吧,读一遍,借出去,分享它,然后,收回来再读一遍!"

——詹妮弗·麦伊尔威·迈尔斯(Jennifer Mcilwee Myers)
著有《与感官问题一起成长:一位孤独症女士的经验宝典》
(Growing Up with Sensory Issues: Insider Tips from a Woman with Autism)和
《如何教孤独症或阿斯伯格综合征孩子生活技能》
(How to Teach Life Skills to Kids with Autism or Asperger's)

"这第 3 版的《孤独症孩子希望你知道的十件事》毫无疑问是最棒的一本书!作为一名孤独症干预方面的国际咨询顾问,我经常与很多个人、学校和家长开展合作,在大多数培训当中,我都会将这本书用作核心教学资料,尤其是面向特殊教育领域或以孤独症人士为工作对象的新员工的时候。当我看到这一版当中新的一章《选择的力量》时,我真的很激动。正如作者埃伦写的'我们真正没有选择的事情很少',说得太真切了。它能够让一个生活在感觉失控的世界里的人拥有自己的控制权。这是你的孤独症资料库里必须收藏的一本书。"

—— 吉姆·鲍尔(Jim Ball, EdD, BCBA-D)
JB 孤独症咨询机构 主席,首席执行官

"我曾经不相信埃伦·诺特波姆对她最初写成的经典作品《孤独症孩子希望你知道的十件事》还能够有进一步的提高,但她现在已经做到了。作为家长,作为与孤独症人士一起工作的人,作为这个领域里的一位真诚的读者,我要告诉大家:一定要把这本书摆上自己的书架。如果周围有你认识的孤独症谱系障碍人士，那么这本书一定能够帮助你更好地理解他们。如果有家长从这本书的初版中汲取过希望与信心，陪孩子顺利度过了幼年期，那么现在也需要读一读这个最新版本。作者将带领你们从孩子的学前一路走到小学、初中、高中，甚至更远，为他们将来长大成人出谋划策、加油鼓劲。本书结尾处的思考题也非常适用于家长支持团体、教师培训班或读书会的学习探讨。这是一本正能量满满的书。

——温德拉·惠特科姆·马什

（Wendela Whitcomb Marsh，MA，BCBA，RSD）

著有《教室里的孤独症常识》（The ABC's of Autism in the Classroom）

"新版的《孤独症孩子希望你知道的十件事》比之前的好太多了。如果你是孩子生活中的重要人物，那么这本书就是你必不可少的阅读资料，无论你是一位老师，还是心理医生、家庭成员、邻居，甚至是一位公交车司机，这本书都能够帮助你理解孩子在社交、感觉、行为和情绪情感等方面存在着哪些复杂甚至疑难的问题。这本书是由一位养育了两个谱系障碍儿子的母亲写成的，它替那些难以为自己辩护的儿童、青少年和成年人发出了强有力的声音，并以'内部视角'展现了孤独症人士生活中不同寻常的真实景象。作者在《选择的力量》这一章中以同理的视角让你认识到，尽管你可能会受到打击、感到害怕甚至手足无措，但是你绝不会无能为力，书中为你提供了几个有助于控制局面的关键步骤，让你能够帮助自己所爱之人不断成长，进而过上更有意义的、富有建设性的生活。"

——林赛·贝尔（Lindsey Biel）

作业治疗师，合著有《养育一位感觉敏感的孩子：解决孩子的感觉加工问题》

（Raising a Sensory Smart Child: The Definitive Book for Helping Your Child with Sensory Processing Issues），

著有《感觉加工策略：针对儿童及青少年的有效临床实践》

（Sensory Processing Strategies: Effective Clinical Work with Kids & Teens）

"在每个孤独症儿童身边陪伴其生活的那些成年人都应该读一读这本书。他们将会遇到一位富有同情心的聪慧盟友,她和自己已经成年的两个儿子一起行走在旅程上。对于如何才能真正地帮助孩子融入这个世界、达到自信的状态、实现自己独特的潜能,所有读者都将从这本书中获得更为清晰完善的理解。《孤独症孩子希望你知道的十件事》这本书结构紧凑、条理清晰、易读易查,书中包含了大量详细的信息和实用的建议以及具体的策略。这本书的内容是真实的、实用的、励志的,它将会帮助你为自己也为孩子做出最佳的选择。它是我要强烈推荐的孤独症精选书目之一,我热切地希望你们能够从中吸取智慧,并分享给其他人。"

——黛博拉·摩尔(Debra Moore)
博士,心理学家,和天宝·格兰丁合著有《爱的助力:
家长及专业人士如何帮助谱系孩子顺利成长》
PhD, Psychologist (retired) and Coauthor with Temple Grandin of
(*The Loving Push: How Parents and Professionals Can Help Spectrum
Kids Become Successful Adults*)

"埃伦·诺特波姆再一次提醒我们,需要我们去学的,远比我们所教的更多,需要我们倾听的,远比我们所说的更多。《孤独症孩子希望你知道的十件事》着重强调了这样的观点,并且为读者提供了重要的见解和宝贵的信息。如果你已经有了这本书的第 1 版或者第 2 版,那么你一定希望再次入手现在的这个新版。因为,这不只是深怀同情、以人为本,用人道主义视角来看待孤独症的一本书,更是一本能够与时俱进地反映出孤独症领域的不断变化,并且在倡导、支持和能力提升方面提供了更深见解的好书。"

——葆拉·克拉思(Paula Kluth, PhD)
著有《"你会爱上这个孩子的!":在融合环境中教育孤独症学生》
(*You're Going to Love This Kid*)
和《多多的鲸鱼》(*Pedro's Whale*)

"这是一本超级棒的好书,它能够帮助那些被诊断吓坏了的家长起步,去帮助自己的孩子创造出积极的结果。"

——天宝·格兰丁(Temple Grandin,PhD)
著有《我心看世界》(*The Way I See It*)
和《用图像思考》(*Thinking in Pictures*)

"这本书的第3版阐释了我们对于孤独症的不断发展的认识,书中的真知灼见对于父母、专业人士和孤独症人士来说都极具价值。从这本书中,你将了解脉络,获取智慧,并运用它们来帮助孤独症儿童达成心愿,我强烈推荐这本书。"

——托尼·阿特伍德(Tony Attwood,PhD)
著有《听听托尼医生怎么说:来自阿斯伯格综合征/
高功能孤独症领域世界顶尖专家的解读》
(*Ask Dr. Tony: Answers from the World's Leading Authority on Asperger's Syndrome/High-Functioning Autism*)

"埃伦·诺特波姆的经典作品《孤独症孩子希望你知道的十件事》出新版了!如果你的孩子被诊断为孤独症,或者如果你觉得自己的孩子可能有孤独症,那这就是你应该阅读的第一本书。"

——波比·希汉(Bobbi Sheahan)
著有《我真希望我早点知道如何养育星儿》
(*What I Wish I'd Known about Raising a Child with Autism*)

"儿子被确诊时,我不知所措,伤心欲绝,迷茫无助。过了差不多一天,我拿到《孤独症孩子希望你知道的十件事》这本书,一股清新的空气扑面而来。当时,我需要的并不是去钻进医学研究文献的书堆里,那一刻,我所需要的,就是这本书带给我的东西——理解、同情和希望。"

——凯伦·托佩尔(Karen Topper)

"八年前我儿子被诊断为孤独症之后,《孤独症孩子希望你知道的十件事》是对我帮助最大的一本书,它给了我最多的希望。从那以后,当很多新手家长开始自己的孤独症之旅时,我都会把这本书推荐给他们。和我一样,他们全都彻底喜欢上了这本书。"

——莫拉·坎贝尔(Maura Campbell)

《谱系女性》(*Spectrum Women*)杂志资深编辑

献给我的两个儿子康纳（Connor）和布莱斯（Bryce），

是他们的优秀表现成就了我。

致　　谢

这本书是韦罗妮卡·齐斯克（Veronica Zysk）与我的第六次合作了，只要上天眷顾，这肯定不会是最后一次。要不是她的慧眼和鼓励，我脑中的想法就不可能绽放出生命力，就不可能写出这些文字，我们也不可能与世界各地的孤独症家庭以及专业人士建立起联系，开展对话。她一直是我的缪斯女神，是我的灵魂姐妹。早在之前的几次合作中，她的敬业和团结精神就已经让我叹为观止了。我无法形容这对我、对我的工作，以及最终，对你们，亲爱的读者，有着怎样重要的意义。

我要感谢詹妮弗·吉尔平-亚西奥（Jennifer Gilpin-Yacio），以及未来地平线出版社的每位工作人员，是他们使得我的书不仅出版了，而且获得了成功。我还要感谢我的经纪人朱迪·克莱因（Judy Klein），是她在背后鼎力推动，才让《孤独症孩子希望你知道的十件事》有了几十种语言的译本并传播到世界各地。

我的丈夫马克（Mark）从始至终无条件地支持我的写作，他的支持是一份无价的馈赠，任何作家都不该把这样的馈赠视为理所当然的。

当然，如果不是我的孩子们，世上也就没有这本书了。康纳和布莱斯，你们的存在一直给我带来快乐，让我深切体会到我最喜欢的作家马克·吐温说的话是那么正确："我妈妈总是和我闹矛盾，不过我想她非常享受这点！"

目 录

前言 ··· 1

我们开始吧 ··· 1

第一章 ··· 1
我是一个完整的孩子

第二章 ·· 11
我的感知觉是混乱的

第三章 ·· 27
请分清不想与不会

第四章 ·· 37
我是个具象思维者,只能从字面理解句子

第五章 ·· 47
请聆听我的各种沟通方式

第六章 ·· 57
来张图片吧,我视觉优先!

第七章 ·· 65
关注我能做的,别总盯着那些我不能的

第八章 ·· 75
我在社交方面需要你的帮助

第九章 ·· 87
找出让我情绪崩溃的原因

第十章 ·· 103
请无条件地爱我

小结：选择的力量 ··· 111
生活在继续 ··· 123
思考题 ··· 127

前　言

2004年,《儿童之声》(Children's Voice)杂志上首次发表了我的文章《孤独症孩子希望你知道的十件事》,我压根儿没想过这篇文章会带来怎样的反响,但随后纷纷而至的读者来信说,这篇文章值得让所有可能接触孤独症儿童的社会服务工作者、老师、治疗师以及孤独症孩子的亲属都来读一读。一位母亲写道:"如果我的女儿能够说话,那么她说出的一定也就是这些内容。"另一位母亲评论说:"句句真言,字字珠玑!"我的那篇文章从一个网站被转发到另一个网站,传播到全世界各个角落,传遍了除了南极洲之外的每一块大陆。各式各样的团体和组织对该文给予的海量关注,着实令我受宠若惊。这其中不仅有数以百计的孤独症社会团体和阿斯伯格综合征社会团体,还有有关慢性疼痛、肥胖、协助犬、听觉障碍、在家学习者、宗教学校的教育者、针织社团、食品零售商等各类社会团体。一位在美国中西部地区工作的社会工作者写信给我:"我强烈地感到,你写出的这些内容,实际上覆盖了特殊需要服务领域的诸多方面。"

为什么《孤独症孩子希望你知道的十件事》这篇文章仿佛一下子有了自己的生命,能够激起如此强烈的共鸣呢?我坚信,这种共鸣源自文章所道出的事实,而这些事实恰恰又源自孩子们的心声。然而,在关于孤独症的各种讨论的声音中,偏偏有一种几乎未曾听闻过的声音。涉及孤独症话题的讨论总是热闹纷繁,经久不衰,尽管这些讨论总体上很有益处,也都很值得倾听,不过可惜的是,孤独症孩子自己对于那些讨论的内容,却无法自我表达,无法自我主张。这简直有点儿讽刺。我以前也曾读过不少的指导性文章,诸如老师希望父母知道的十件事、母亲渴望孩子的老师知道的事、孤独症孩子的父亲应该知道的事,等等,直到有一天,我的编辑韦罗妮卡·齐斯克①拿着这类"成

---

① 译注:韦罗妮卡·齐斯克,1991—1996年任美国孤独症协会主任,后任未来地平线文化公司副总裁。1999年作为执行主编创建了美国孤独症领域的第一本杂志《孤独症/阿斯伯格综合征文摘》(Autism Asperger Digest)。与本书作者合著《孤独症育儿百科(第2版)》(1001 Great Ideas for Teaching & Raising Children with Autism or Asperger's, Revised & Expanded Second Edition)。

人说给成人"的文章给我看的时候,我不由地产生了疑问:"可有谁能够替孩子说话呢?"

"你就能,你来写吧。"韦罗妮卡急切地建议道。

我的儿子布莱斯在4岁时就得到了正式确诊。我感到很幸运,他的声音已经被大家听到了。我对孩子周围完美的支持团队充满感激,这个团队有家人、有学校的教职员工,还有社区的工作人员,我感谢他们所有人的倾听。我由衷地希望,我儿子的成功能够成为一个典范,而不是一个例外。我最初的那篇文章,以及后来写成的这本书的初版,正是基于这样的初衷。

某个人或者某群人对于孤独症所持有的看法,会深受我们在描述孤独症时所采用的言词的影响。那些煽动性的、挑衅的言论和意见,无论出于有意还是无意,总是很容易引起我们的全情关注。我们或做出反应,或感觉失望,或选择不予理睬。但是,还有很多的微妙表达,由于不易觉察,反而更不利于我们发展对孤独症的良好认知。在整本书中,我们将请你不断思考,孤独症语言是如何影响你的观点的。它将帮助你从不同角度看待孤独症,这些角度可能是你之前从未考虑过的。在这本书里,你也不会看到另外一些东西。

你不会看到我们把"孤独症"这个词汇的英文用大写字母来书写,除非它出现在句首或者作为标题的时候。我们从来不会使用大写字母来书写乳腺癌、糖尿病、青光眼、食欲减退、抑郁,或者其他病症,除非那些用到人名的病症,如阿斯伯格综合征。用大写字母来书写"孤独症"这个词,只会在视觉上突出强调它的正统和威力,然而这其实并不值得强调。

你也不会看到用这些词汇来描述孤独症儿童:痛苦、痴迷、完美、挑剔、发脾气、古怪,等等,这些词汇要么带有成见,带有贬损意味,要么会制造出虚幻的、空中楼阁式的、遥不可及的期望。

最后,"正常"(normal)这个词在本书中绝不会出现在引号之外。早年当我儿子刚被诊断为孤独症的时候,别人经常会冒出诸如"你觉得他将来能够正常吗?"之类的问题。一开始,我还懵懵然不知所对,但后来,我开始同情起问话者的自以为是了。我学会了用微笑和调侃来回答,"这个世界不知道什么时候才会有正常人呢"或者"如果他正常了,那他可就比我还厉害了"。今天,对于"正常"这个词,我会引用一位加拿大歌手布鲁斯·科伯恩(Bruce Cockburn)的歌词"正常所带来的麻烦就是它总是变得越来越糟"。

在我的另一本书《孤独症育儿百科(第2版)》①中,"关于正常"是我最喜欢的一节。在那一节里,一位母亲总是担忧自己的孩子不能"像所有正常孩子那样"结交朋友,孩子所在中学的语言治疗师对此是这么回应的:

"你儿子去年刚来我这里时,几乎缺乏社会性思考技能。那时候,他不理解为什么自己需要在校门口与别人打招呼,他也不会用提问来延展对话,他也不知道在就餐时该如何与同伴们相处。可如今,这些他全都能做到了。这是巨大的进步啊!"

"可是,他才交到两个朋友。"

"要是我的话,我会换一种语气来谈论这件事:他已经成功地结交了两个朋友哦!一个朋友能够与他一起分享在火车模型方面的兴趣,另一个朋友能够与他分享在跑步上的乐趣哦!而且,他也很清楚你现在的感受,我告诉你那天他跟我是怎么说的,他说,他不想有太多的朋友,他没办法应对太多的朋友,如果有两个以上的朋友同时在场的话,他就会感觉紧张,他与那两个朋友可以讨论他感兴趣的事物。他们对他很好。"这位语言治疗师继续说道:"在这所学校或其他学校里走一圈,你就能看到各种各样的'正常的'中学生行为。你会看到学霸型的正常、运动型的正常、音乐型的正常、艺术型的正常、技术型的正常。每一种类型的孩子都喜欢各自扎堆儿,这会让他们有安全感。现在,你的儿子也找到了他自己的组

---

① 编注:《孤独症育儿百科(第2版)》(*1001 Great Ideas for Teaching & Raising Children with Autism or Asperger's, Revised & Expanded Second Edition*)中文简体版由华夏出版社于2021年出版。

织。你和我应该目标一致地努力：尊重他的选择，继续教他所需的社交技能，帮助他在更大的群体当中感觉舒服。"

"你的孩子有许多社会性方面的自我，把他视作一个完整的孩子去全面接受他的各个方面，这样我们就能够从一个整体的人的角度，重新定义'正常'。"

虽然这本书中讲的十件事是概括自我儿子的特征，但它们不会也不可能全部适用于所有的孤独症孩子。不过，在每一个程度或高或低的孤独症孩子身上，你都能看到这些特征和需求的某些方面，它们会在不同的年龄段、不同的时期，或迟或早地显现出来。

随着客观环境或社交情境的变化，这些特征有时会相互重叠，或表现得有所不同。因此，你可能会注意到，我在这本书中会使用不止一种方式来描述某个观点。我这样做是有意为之的，并不是粗心的啰嗦。对一样事物，我们往往需要多次阐述或者通过多种方式来了解它，才能够充分地理解和应对。我们必须承认，这也是我们自己在教育孤独症孩子时可以采用的方式，它是判断我们能否以对孩子有意义的方式进行教学的重要因素。对你和你的孩子来说，这是一道门槛，跨过去，你们就能进入一个有选择的世界，那个世界比你最初想象的还要广阔。

在接受教育与治疗、历经成长与发展（包括你的）之后，某些孤独症特征所带来的局限可能会逐渐减弱，而在这些所谓的局限中，有些会被你重新定义，成为你眼中的优势。当你读完这本书之后，你可能发现，你们已经不复当初，在孤独症谱系中，你们站到了一个全新也更为有趣的位置。希望如此。

《孤独症孩子希望你知道的十件事》的第1版和第2版已经有了数百万的读者，而且一直受到强烈的追捧，那我为什么还要写第3版呢？为什么要去修理一些从未损坏的东西呢？进化哲学家布赖恩·托马斯·斯威姆（Brian Thomas Swimme）在他所著的《宇宙之旅》（*Journey of the Universe*）一书中，以及在同名影片中，将银河系描述为："它并不是一种东西，而是一种正在进行中的运动。"孤独症也是如此，它是在宽广的环境下永不停歇地变化的一种状态。我们在连绵不断的时空环境中行走，有时疾速前进，有时停滞不前，但是对于每一位孩子、家长、老师、兄弟姐妹、爷爷奶奶、朋友及陌生人，他们作为沧海一粟，每个人都沿着各自的轨迹，运行于各自的位置上（尽管这些位置和轨迹常有难以捉摸的时候）。随着时间的推移，孩子在孤独症谱系中所处的位置也会变化。

经历和成长会改变我们的观念。在《十件事》第1版出版之后、第2版出版之前的那几年，我的儿子也经历了从高中毕业到成人的转变。他学会了开车，成了选民，步入恋爱的感性世界，上了大学，进入了职场。在这期间，我的观念怎么可能没有改变？那几年里，全球范围内的孤独症发病率持续走高，它向全世界发出了信号，引发了所有人的思考和关注（除了某些极端顽固的愤世嫉俗者）。而在我自己的人生轨迹上，这些年我也一直在运动中不断改变着自己的位置，这些改变的动力来自我个人的经历，也来自其他人的影响。《孤独症孩子希望你知道的十件事》这本书让一些读者进入我的生活，而他们的经历也反过来影响着我。

孤独症的复杂性一直未变，而我们身边的孤独症儿童数量却在激增，不出意外，他们将会长大成人，需要在社会上拥有自己合理合法的位置与权利，这要求我们寻求更多的关注，甚至对那些企图将良知与公共资源从孤独症儿童身边夺走的人，我们也要去寻求他们的关注。比起十多年前，我们为孤独症孩子开展的捍卫与宣导行动已经赢得了很多人的关切目光。通过不懈的努力，我们如今要做的已经不仅仅是舆论上的宣导，更是要身体力行。作为孤独症孩子的家长，今天我们不仅需要毅力、好奇心、创造力、耐心、韧性和外交技巧，还需要有勇气去开拓思维，实现梦想。

《孤独症孩子希望你知道的十件事》第2版出版以来的这些年，社交媒体的传播出现了不容忽视的爆炸性增长。也许应该这样，也许应该那样，无数的

> 作为孤独症孩子的家长，今天我们需要有勇气去开拓思维，实现梦想。

信息和建议如同海啸一般，铺天盖地地向孤独症儿童的父母涌来。我们周围从来不乏江湖骗子和狂热妄人，但如今想从鱼龙混杂的网络信息中筛选出真实有用的信息已经难上加难。但我们的一天也仍只有24小时。今天的家长比以往更为迫切地需要简洁易懂的信息，尤其在他们的孤独症之旅刚刚开始的时候。我为此所做的，就是更新并精炼了《孤独症孩子希望你知道的十件事》这本书，重新聚焦于最为根本的要点，同时强调了一个新的观点——训练你所拥有的最重要的一种力量，即选择的力量，从"别无选择"到"选择太多"，面对海量的选项和可能性，你该如何取舍才最有利于孩子的成长。

因此，在最新的这本《孤独症孩子希望你知道的十件事》中，核心理念依然如故，但也反映了我们不断变化的时代。十件事的核心本质是跨越时间、跨越国界、跨越文化的。

在这本书中，我讲述了我的观点是如何发生变化的。这并不是为了怀旧，让自我沉浸于"回想当年"的思绪中；也不是为了兜售酸楚，让读者看到与我那时的艰难相比你现在轻松多了。远比我的个人观点本身更重要的是，我观点上的变化恰恰生动地说明了事情会随着时间而变化，我们会被外界的变化所影响，这种影响可能好也可能坏。当科技、教育和医学飞速进步或者停滞不前抑或无能为力时，它们都会对你个人的成长历程和整个世界的发展历程产生影响，会不断地塑造你的内心存在和世界观。回看过去十五年里我所经历的一切，以及我在这期间学习到的所有孤独症知识，我认为我在整体态度上并没有什么特别明显的转变，但时不时地，总有人会觉得我"出尔反尔"了。

不要被任何人说服而改变初衷，去听信那些号称会带来"翻天覆地"变化的所谓新消息或新经验。恰恰相反，如果缺乏灵动的思考或者自己不愿去思考只是期望别人帮自己思考，那么这种僵化就会伤害我们的孩子和社会。（讽刺的是，很多人还嫌弃孤独症儿童僵化和缺乏灵活思维，觉得他们无可救药呢。）

包容更加开放的视角和灵性的成长，与坚持我们的核心价值观，两者并不矛盾，我们甚至还要鼓励我们的孩子也这样做呢。这就叫适应。这就叫学习。成为一个满怀希望的明智之人，用更全面更完整的视角，去看待孤独症和孤独症带给孩子的挑战。记住，"最适者生存"，这个被公认出自达尔文的思想，指的并不是最强壮、最聪明或最幸运的人，而是最能适应变化的人。

有谁能替孩子说话？在某种程度上，这需要我们假定自己能够进入孩子的大脑，从而才可以替代他们发声。我甘愿冒着风险做出这样的假定，因为我实在迫切地想要了解孤独症孩子所感受的那个世界。我们肩头上承担着使命，我们应该跟随他们，展现出他们的价值，认可他们与我们不同的思维方式、与我们不同的沟通方式，以及他们对这个世界做出的与我们不同的探索。这要求我们说出他们的想法和感受，即使他们无法开口说话。如果我们不这样做，孩子原本因孤独症而丧失殆尽的微弱机会就更难被抓住了，他们的天赋也就永远不会被发现。他们正在召唤我们开始行动。

我们开始吧

成为一名孤独症幼儿的妈妈后不久，我很快意识到，对于未来，我唯一能够确切知道的就是它的不可预知性，唯一能够维持恒定的就是永远的变化性。尽管我们对孤独症谱系本质的理解已经取得了很多进展，但孤独症的很多方面依然令人困惑。无论我们多么努力地试图用孤独症孩子的视角来看世界，但每一天甚至每一刻，我们依然要困惑地面对他们带给我们的新老问题。

就在不久前，专家还将孤独症视为一种"无法治愈的疾病"，认为孤独症所标示的是一种最为棘手的生活状况，所有患者都不可能过上有意义的生活。可是如今，这样的说法，已经在不断涌现的事实面前，在不断更新的知识面前，或许甚至就在你阅读了本书之后，就全都土崩瓦解了。在现实生活中的每一天里，孤独症人士都会向我们做出示范，他们能够克服或弥补孤独症带来的挑战，或者在最不济的情况下，他们能够自我控制好那些最具难度的困扰，打造出丰富多彩的生活。

也有很多孤独症人士不仅不会去寻求"治愈"，他们甚至会拒绝这一概念。《纽约时报》2004年12月曾刊登了杰克·托马斯（Jack Thomas）所写的一篇文章，随后被广为流传，这位作者是一位当时上十年级的阿斯伯格综合征少年，他也因此赢得了全世界的关注，他说："我们没病，所以我们不需要被治愈，那只不过是我们的处世方式。"今天，在社会上，在主流媒体上，四处都回荡着众多孤独症成年人发出的令人信服的声音，他们都认同并支持杰克的立场。

我与他们站在一起。如果一个非孤独症人士仅仅凭自身的体验，仅仅从自己的视角去看待那些孤独症人士所面临的挑战与困扰的话，那么，他在无形之中就已经关闭了大门，失去了用另一个视角思考的机会，这将对孩子的未来产生甚至可以说是决定成败的深远影响。

视角就是一切。在与家长团体对话时，我会让家长们用简短的话描述一下自己孩子最棘手的行为，然后再用积极的方式重新表达一遍。孩子冷漠？或许我们可以换个说法，说她能够自娱自乐或独立工作。孩子鲁莽？或许可以说她具有探险精神，勇于尝试新体验。孩子爱刻板地归整物品？或许可以说她有出色的组织能力。说孩子爱纠缠大人无穷无尽地发问？或许也可以说她对世界充满了好奇心，而且她对目标的追求很有韧劲、很执着。为什么我们总想试图去矫正孩子的重复与刻板，而另一方面却又很钦佩那些能够坚持不懈的人？"重复刻板"与"坚持不懈"表达的是同样的含意，都是指"拒绝停止"的意思。

我家的孤独症谱系之旅的起点是一个性情基本温和但无言语、情绪会莫名崩溃的孩子。他会用双手捂住耳朵，拒绝参与许多活动。他穿衣服只因为我们要求他穿，似乎不会像我们那样体验到疼痛或寒冷。

布莱斯 3 岁时，一所公立学校的早期干预小组发现了他的孤独症。在与专业小组的首次沟通会上，从开始到结束的短短时间里，我经历了心理学上所说的悲伤的五个阶段①。当时，我的大儿子康纳已经在两年前被诊断注意力缺陷多动障碍（ADHD）。我已经知道要面对大量的治疗，知道要面对众多的社交挑战，知道需要无时无刻地保持紧张和警醒，也意识到将会出现精疲力竭的状态。

原始的恐惧激励了我。我无法忍心去想象假如我什么都不做，不去尽我所能地帮助布莱斯，那他成年后将是怎样的命运，因为我不可能永远在他身边，他终归会生活在没有我的世界里。我无法驱走自己脑海中诸如"监狱"和"无家可归"之类的词汇。可我丝毫未曾动过念头要把他未来的生活交给专业人士，或者幻想他长着长着也许有一天孤独症就自然消失了。信念将我每天早晨从床上拽起来，推着我采取行动。

请跟随我往前穿越几年，回到世纪之交的那个年头。在全校大会上，可爱

---

① 译注：悲伤的五个阶段是一些人在经历悲痛时的共同历程，包括：否认（失落）、愤怒、协商（迷茫）、绝望（消极）、接受。

的一年级新生们一个接一个地走到话筒前，回答同一个问题："你想在新千年里成长为怎样的人物？"足球明星！这是当时最流行的回答。流行歌星！赛车手！动漫画家！兽医！消防员！

布莱斯非常认真地思考了这个问题，他当时说："我想我只希望自己能成长为一个大人。"

在会场爆发出的掌声中校长语重心长地说："如果有更多的同学有着与布莱斯一样的渴望，那么这个世界将会更美好。"

我非常认同这一点：孩子的孤独症并不意味着他和你，还有你的家人，不可能再拥有美满快乐而有意义的人生。就算你很担心很害怕，也请勇敢地相信这一点。不过你也要注意：孩子最终能够取得多少成就，取决于我们根据他的个人特征及与众不同的特性而做出的选择。在诺拉·艾芙伦（Nora Ephron）的小说《心火》（*Heartburn*）中有一个令我难忘的段落，女主角瑞秋·山姆斯塔（Rachel Samstat）说："当你的梦想被击打成万千碎片时，它留给你的只有选择。你可以选择坚持下去，那很痛苦，你也可以选择撤离，去做另一个梦。"

我们要选择。

如果你是一位刚刚走进孤独症世界的新人，读到这里，我会说，孤独症本身并不可怕。但是，如果你不理解孤独症，你身边也没有人能理解它，你也无法从周围为孩子寻求到帮助，这就很可怕了。现在，你正站在这场旅行的起点处。我们不否认这将是一个漫长的旅途。而你在每次长途旅行出发前，也不会不先对自己的旅行线路做一些了解。这本书就在你可能经过的那些路途上为你标注出一些路标，当你行进时，它们能让你想起一些曾描述过的熟悉场景，帮你减少一些陌生和恐惧的感觉。

这本书可以替你和你的孩子说话，说给那些应该倾听你们心声的人：教师、家长、兄弟姐妹、配偶的家人、保姆、教练、巴士司机、孩子同学的家长、兄弟姐妹的朋友、宗教人员、邻居。这本书能够帮助我们孩子周围的那些人建立对孤独症主要特征的基本理解，他们的理解将会产生巨大作用，有助于孩子提高能力，迈向有建设性的独立的成人期。

尽管孤独症很复杂，但是在这本书中，各式各样的孤独症特征都可以划入四个基本领域：感知觉加工上的困难、沟通能力的迟缓与受损、难以驾驭的社交思维和互动技能，以及作为完整个体的自我评价和自信心方面的问题。这里的每一个领域都很关键：

感觉加工。所有年龄段的孤独症人士都会经历感觉上的超敏或者低敏的反应体验，这种反应有时比较稳定、可以预知，有时又变幻莫测。它会给孩子产生不可避免的影响。当一个孩子身处的环境中充满了不断汹涌而来的不适感觉，充满了令他厌烦的奇怪刺激，他就无法如你所期待的那样，接受你教给他的认知和社交知识或者"乖乖的"。你的大脑完全有能力同时筛选过滤成千上万个感官信息的输入（你所看到的、你所听到的、你所嗅到的，等等），而他却不能。所有这些信号在脑干发生拥堵，激起的烦躁相当于一天二十四小时永远拥堵的交通路段带给人们的恼怒。想想你在这种困境中的感觉吧，那种被困在四周充满尾气、充满了噪声的堵车洪流中，而自己却无力改变现状的情形。

沟通。语言发育迟缓的情况在孤独症孩子中很普遍。他们缺乏足够的表达手段，需求和欲望无法得到满足，其结果不可避免的就是恼怒和沮丧，这会导致拒绝学习，无法进步。这种与人沟通的能力是一切的基石，这种沟通可以通过口语实现，也可以借助图片、手语/符号设备或其他辅助技术来实现。毫无疑问，所有的孩子都有表达的需要。如果认为一个不能沟通的孩子没有什么要说的，那显然是荒谬无比的，这如同认为一个没有车的成年人没有什么地方要去一样。

社交思维和互动能力。社交技巧瞬息万变难以捉摸，不同文化之间、同一文化的不同情境之间、不同人际关系之间，甚至不同时段之间，都可能会有所差异。由于不能注意并解读出所处情境中的社会性信息，孤独症孩子在社交中往往不知该说什么、该做什么，这会置他们于极度的孤立之中。他们真的不"懂"社交，如果我们不能用他们能理解的方式给他们持续而具体的指导，并不断提供练习和即时运用技能的机会，那么他们就只能孤舟独桨地漂流在险恶的社交风浪中了。

完整个体的自我评价问题。在这个星球上，每个人都有一套完整的出厂设置。我们都希望自己能够作为一个完整的个体得到他人的接受，获得他人的欣赏，而不希望仅仅与自身的某些缺点和怪异捆绑在一起，被别人像翻看草莓那样挑来挑去。孤独症孩子确实需要专业指导，只有专业指导才能让他们在这个广阔的世界中找到令自己舒适的位置。带着正能量与积极乐观的态度去努力实现这样的目标，这并不意味着必须一点一点地去"修正"孩子。教孩子掌握成功和自立的技能，无论这孩子是"特殊"的，还是"正常"的，都无关于"修正"或"治愈"。它应该是帮助孩子学习他们需要知道的东西、掌握他们做得到的事情，尽可能独立地生活，应该是爱他们，带领他们进行持续不断的学习，在这个过程中，始终将他们当成完整的个体来接受，就像我们希望别人这样对待我们一样。

> 如果认为一个不能沟通的孩子没有什么要说的，那显然是荒谬无比的，这如同认为一个没有车的成年人没有什么地方要去一样。

布莱斯的成功，正源于这种自尊感，源于反复磨合之后对周围环境的适应，以及在自我表达和自我倡导方面的能力拓展，最后这一点，即便成年以后，他也依然没有松懈。经过儿童期及青春期的不断积累，他在以上各方面均打下了良好的基础，在社交和认知方面的学习便也随之捋顺了。每年他都会带来令我们无比欣慰的惊人壮举：有一天，他在全市游泳大会上游出了奖杯；有一天，他连唱带跳地在《查理和巧克力工厂》剧中成功饰演了"乔爷爷"；有一天，他首次骑上了他的双轮自行车；他兴高采烈地参加了他的首次童子军露营活动；在学校的一场舞会上，他鼓足勇气，成功地邀请了从幼儿园时就仰慕的一个女孩一起跳了舞，那让他兴奋不已；在六年的中学里，他一直在校田径队里跑啊跑；后来，他赚到了第一份薪水，独自旅行，拿到了驾照，将自己的大学文凭挂在了墙上。

虽然我们前面讨论过孤独症孩子最基本的四个要素，但是请牢记，我们之所以称之为孤独症谱系，其原因就是没有两个孤独症孩子会是完全一样的。每个孤独症孩子的旅途起点都处在这个谱系的不同位点上，而且，每个孩子都将沿着自己特有的发展路径前行，都拥有着自己百分之百合情合理的独特视角。同样重要的是，每个家长、教师和看护人员也都应该在这个谱系中的特定位点上对孤独症加以理解。如同一幅视频图像，它是由上百万的像素点所构成的，每个孩子也同样是一个复杂的复合体。这就是为什么没有唯一的成功秘籍，也没有任何方法可以替代你自己的钻研，替代你自己的学习和不断的实践，你也不会有自满得意的喘息机会。对孤独症儿童的指导、教育和欣赏，是一项不断发展进步的持续任务。

受人尊敬的花腔女高音歌唱家贝弗利·希尔斯（Beverly Sills）是一位抚养着两个特殊孩子的伟大母亲，她曾经说过："任何值得去的地方，都没有捷径。"没错，旅途中总是充满了发现的喜悦。现在，你手拿的这本书，就是一本旅行指南，让我们开始吧。

第一章

我是一个完整的孩子

　　孤独症是我生命的一部分，可是它并不是我生命的全部。你想你只是一件东西呢，还是应该说你是一个复杂的人，一个有思想、有感情、有偏好、有厌恶、有想法、有天分、有梦想的人呢？你肥胖（超重）、近视（戴眼镜）或笨手笨脚（不协调）吗？这些都可能是我初见你时，最先被我看到的东西呀，但是，你拥有的要比那多得多，不是吗？

　　我是个孩子，正在学习，正在成长。无论是你还是我自己，谁都不知道我将来会拥有怎样的能力。如果你认为我只被一个标签就代表了，那么你所预设的期望值就很可能过低了，这很危险。如果我感觉你认定我"做不到"，那我就会想，我干吗还要去尝试呢？

你了解"孤独症"这个专业术语的含义吗？

同样的问题，也是当年早期儿童特殊教育专家在首次与我沟通时向我提出的。那时候，我刚刚得知自己的儿子布莱斯患有孤独症。我和受到这种打击的其他家长一样，当时深陷极度惊恐的状态中，因为这个专业术语将我对儿子未来的美好展望彻底击毁，所有憧憬都被扔进了茫然未知的空间里。也许，人世间最令人恐惧的事情就是对未知的恐惧。然而，也就在那令我感到惊恐的一瞬间，十月的阳光穿过窗户照在了室内的墙壁上，也像一只温暖的大手搭在了我的背上，令我安定下来。面对黑暗，面对我毫无所知的孤独症，一道光束，一道我能够确定的光束照了过来：我的儿子依然是我的儿子，依然是那个我深深怜爱的、一直在成长的儿子，而我，也依然是那个妈妈，依然是那个为他所爱、为他所信任的妈妈。孤独症不会改变这些。

我并不是一个动不动就爱玩"政治正确"的人。但是，在最初那段时间里，怎样看待我的孩子以及他的孤独症、怎样向世界和他本人表露这种看法，是我不得不考虑的事。他到底是"有孤独症的孩子"（child with autism），还是"孤独症孩子"（autistic child）？鉴于当时社会对孤独症的认知大多建立在错误的观念之上，我把这件事看得很严重，觉得我的用词既要准确，又要避免让别人产生不恰当的期待或先入为主的想法，严重影响孩子实现他的长远发展目标。

我家是20世纪90年代中期踏入孤独症谱系的圈子的，那时候，在圈内家长和专业人士的理解中，"孤独症的"（autistic）一词，是"孤独症或孤独症人士的"，或"与孤独症或孤独症人士相关的"意思。今天，我们仍是这样理解。但我们这些与孤独症孩子朝夕相处、对他们爱护有加的人，也从来都要面对社会大众令人恼火的无知和偏见。过去如此，现在也如此。在我儿子被诊断的那个年代，孤独症的出现率是1/750，它常常被描述为一种"罕见的"或"神秘的"障碍（或者更糟的用词"疾病"）。不管我们喜不喜欢，"孤独症的"这个词通常无法激发出别人的友好回应，也不能令旁观的人有所触动，无法令他们用超越标签的目光来看待一个完整的孩子，无法让他们看到一个既有天分同时又存在偏差行为的精彩个体。这个词给旁观者带来的最常见的印象，往往要么是一种先入为主的局限性看法："呃喔！就是不说话、总躲着人、爱扑腾手的家伙！"要么是另一种虽然好像很积极但同样很片面、很概念化的看法："呃喔！厉害啊！这家伙是个与社会格格不入的电脑天才，或者数学天才，或者音乐神童。"

新的一代被诊断为孤独症的孩子给人们带来了看法上的重大转变，这些孩子们成长为充满活力而且敢于发声的一代，他们当中大多数人强烈地认同自己的"孤独症的"特质。他们改变了这个词汇的含义，这个词在他们的幼儿时代曾经带有严重的负面含义，如今它不再只是一个为图方便而使用的形容词了，它已经成为很多人用以自我定义的词汇了。他们的声音是本真的，也让我改变了自己对"孤独症的"这个词的看法。但是，需要强调的是，我们只有记住当年自己的苦涩起点，才能更清楚地知道我们今天所处的位置。

在关于孤独症的负面和错误言论泛起之时，我们的每一次努力或许都能改变一个旁观者的看法。我们可以先从反问自己开始：我们的用词会制造怎样的心理预期？

当初我到处搜寻资料，试图理解孤独症时，曾经看到了一个极为荒唐的互联网在线字典将"孤独症的"这个形容词与"不适应"这个词作为可替换使用的同义词，而且后面还跟着给出了155条"相关词汇"，其中包括：麻痹的、精神紧张的、情感死亡的、贪婪的、无情的、自恋的、自我沉迷的、没有灵魂的和不能触碰的……我敢说，这里面没有一个词汇可以用来描述我的孩子，我相信，同样也不能用在你孩子身上。

从长远来看（道路也的确漫长），不管你如何称呼他们，带有孤独症特征的孩子、孤独症孩子、阿斯伯格综合征孩子、谱系孩子、孤独症谱系孩子，对自己孩子的孤独症，你选择怎样的信念，这是关乎他最终状况的最大的一个影响因素。每天，你会有上百次的机会，有意无意地基于自己的信念和观点做出决策。假如你不能透过孤独症的标签去整体地看待自己的孩子，那么你带给自己也带给孩子的，只能是更多的麻烦和更多的辛苦。所有孩子的发育，都会沿着时间轴做螺旋式地上升，也许是均衡地，也许是不均衡地。绝大多数孩子都会出现挑战你底线、在大庭广众下说脏话、顽皮固执到极点、把玩具冲入马桶、得不到满足就大哭大闹等行为。如果将这一切都归结于孤独症，这既不准确也不公平，只会蒙蔽你，让你看不到自己孩子成长发育中那些符合普遍规律的方方面面。我们的孩子同样有着自己的期望，有自己的偏好，有自己的恐惧和梦想，这些都与其他孩子一样。在不断地教育下，他们终有一天会让你知道这些，尽管他们也许不是用口语说给你听。

每个孩子都有权利在不受任何先入之见污染的环境中展开生命、接受教育。标签即便不带恶意，也很少无害。仔细想想，将这个形容词加在孩子之前会对我们的预期和孩子的潜力产生哪些不同的影响。

> 对自己孩子的孤独症，你选择怎样的信念，这是关乎他最终状况的最大的一个影响因素。

过低

"在我的课上，布莱斯的成绩全是 A。"在第一次中学家长会上，我儿子的一位老师跟我说，"我让他做的，他都能完成，他从来不迟交家庭作业，他能积极参与班上的活动，从没掉过链子。"

他继续说："布莱斯超出我原先对孤独症孩子的想象，超过了我原以为他们能做到的。我班上以前也曾有过孤独症孩子，布莱斯的创造能力和组织能力远远高出那些孩子。"

他的声音渐渐地变低了，他说道："我想我明白了一点，比起孩子的真实能力来，这个前置的'孤独症的'形容词，只会拉低对孩子的预期值。你看我说得对吗？"

没错！他说得很对。有了与布莱斯的接触后，这个原本就很优秀的老师，以后如果再遇到孤独症学生时，一定会做得更棒。这位老师承认，当我们用

"孤独症的"这个前置形容词来对一个"孩子"做出限定评价时，也就在自己的脑海中设置了一个障碍，设置了孩子能与不能的界限。所有人都会在与这个孩子交往的过程中，在各种场合中设置类似的界限。无论过低（"你都已经认为我不能了，我干吗还要去试？"）还是过高（"我反正永远也达不到，干吗还要去试？"），我们都是在将自己的错误强加在孩子身上，让他走上一条更为漫长遥远的道路，为的只是满足我们自己错误的期待，而这条路本来就已经够漫长的了。

过高

"今天的孤独症，明天的天才！"

当我前面一辆SUV尾部保险杠贴的这样一条标语映入我眼帘时，我立刻意识到这条标语同样也是一种偏见，尽管它用心良苦，但传递的仍然是条危险的信息。这种老套又高调的标榜，绝大多数孤独症人士都无法达到，这样说不仅不能帮到他们，还会弄巧成拙。一位中学校长曾经告诉我，他非常想去了解布莱斯，他认为孤独症儿童要么是个天才，要么就是有很多行为问题。结果，不出我的意料，这位有着丰富经验的教育工作者从布莱斯那里得到的结论令他非常失望。个人也好，社会也好，为孤独症孩子未来预设过高的期待值，以为这样就可以唤醒一颗天才大脑，其实只会逼迫家长更为不现实地疯狂行动，不能顾及自己孩子的强项与弱点，忘记孩子这一辈子最缺乏的乃是情感的交流。想象一下，社会上那些缺乏耐心的目光一直在盯着你，大家在不断地为你击鼓助威，都在热情期待着一位天才的诞生。即便孩子偶尔挣扎着或者偶尔开心地做回他自己，也被你成就天才的伟大期待给重重地拉了过来。

一位母亲就其6岁的儿子向我问起了很多关于孤独症方面的问题，其中一个令我难堪的问题是："他的天赋是什么？"有一些孤独症孩子有朝一日会展示出自己的天分，但是，大多数不会。这与普通人的情况一样，非孤独症的人士中，有些会成长为天才，而大多数都不会。无论孩子能不能成为"明日的天才"，我们都应该给予信任、信念和支持。即便是天才，也不能保证他能够独立，不能保证他具有创造力，不能保证他在生活中获得幸福感。我们认识一位孤独症少年，后来的确成长为一个数学天才，可是他的妈妈依然忧心忡忡，这的确是一个拥有数学天才的家庭，但是拥有的却是一位长期失业的数学天才。她见识过自己的天才儿子无法将其能力发挥出来的窘境，因为他无法与同事和客户进行有效的沟通，不能接受上级的指导，无法确定任务目标，也不能按期交活儿。如果她的儿子拥有的天分少一些，更多地拥有一些社会悟性和一些工作上的技能，那才会让这位母亲开心得多。

过宽

鉴于一定的相关性，让我先从自己的职业聊起。编辑和写作课老师会经常敲打写作者：避免使用形容词，多用更有力、更积极、更具描述性的名词、动词及短语。但这些词语并不总能从我们写作者的笔下自然涌出，我们往往要努力克制，才能放弃那些更具体、更情绪化的字眼。但我们的叙述却总能因此而变得更有说服力。无论写不写作，从孩子出生的那天起，你都会成为一个讲故事的人。在孩子发展的每一个步骤上，如何讲述他的故事，会决定你将怎样的人吸引到他的身边，也关系到谁将在他的故事里扮演一页、一章或更长久的角色，谁将成为陌路。

回想起来，过去二十多年里我参加过几十次的 IEP 家长会，接触过布莱斯的大约七十五位老师，但我能想起来的我们之间以孤独症为名进行的讨论少之又少。活跃在我记忆中的，是几百个小时和几百页文档的深度探讨，涉及孩子的社交、学业、语言和感觉问题。一次次，一年年，我们下定义，搭框架，划重点，一条一条地处理问题，取得一个一个可以量化的胜利，但基本都不带标签。渐渐地，布莱斯开始学着成为一个有效的自我倡导者——基于对自己学习方式和信息处理方式的理解，向他人要求自己需要的东西。至于人们用怎样的标签去定义那种学习方式和信息处理方式，倒不是最重要的。他将孤独症看作自身很重要的一个部分，相信这一点永远不会改变，但他也很清楚地看到自己同时也具有那些可以被称为"典型的"或"常规的"特质和世界观。他把自己比作《星际迷航》中的斯波克先生，火神的部分与人类的部分共存于体内。这给他在认知方式上和社会情感思维方式上都带来了多彩的体验，有时甚至是令人惊奇的体验，但这些体验从来都是作为完整个体才有的。

在将我们的孩子介绍给这个他们必须栖身的世界时，孤独症几乎不能提供什么捷径、现成的答案或好用的说明。这些年在夏令营也好，游泳课也好，对各位新老师和教练，以及对邻居和朋友，我不会一开口就介绍我儿子有孤独症，但我会给他们一张简表，罗列他在那个情境中受孤独症影响可能会出现的状况，也告诉他们用什么样的沟通策略、做什么样的调整才能让他更好地适应环境。我会请求别人在与布莱斯说话时，尽可能地直截了当，尽可能地近距离说话，而且不要带有成语和俚语。我还请人家尽可能地做出示范而不仅仅是口头地教他；请人家尽可能地引导布莱斯将注意力放在同伴身上，教他跟随同伴的示范行为。这些注意事项虽然简短明了，但其作用可并不简单。有了这些切实而具体的指导条目，出现在我儿子生活中的那些人就有了非常实用的工具，他们就能够帮助布莱斯取得实实在在的进步。

最近有一条新闻让我很感兴趣，这条新闻本是谈及孤独症谱系障碍的广泛跨度的。新闻中的一位母亲，在为她已成人的儿子寻求特殊服务时说："学习某些东西时，他几乎是个天才，可是在实际生活中，他却完全不会应用。"在高中时，这个孩子曾经在数学上得分高达92%[①]，但他却无法处理自己日常生活中遇到的各种困难。这位母亲说她花了四年时间来教儿子独自乘坐公共汽车。而在我的家里，是另一番景象，布莱斯处在孤独症谱系的另一端，他在学习一样东西时往往很费劲，他在标准化考试中永远不能获得出色的成绩。可是，在他 15 岁的时候，我只花了一个小时，就教会了他独自乘坐公共汽车了。类似

---

① 译注：这里使用的百分位成绩是将实际成绩换算成标准分数后再换算成等级百分位，表示该成绩在参与测评的团队所有成绩中所在的位置。这种计算通俗易懂，相当于我们常说的考试成绩的相对位次。例如，考生 A 的实际成绩为 90 分，百分位分数为 76%，表示全体学生中有 76% 的人的实际成绩等于或低于考生 A。

地,他也很轻易地就掌握了日常生活中那些必需的技能。

总之,这两个孩子都可以被冠以"孤独症的"形容词,然而,即便按最具善意的含义理解,这个词在描述他们各自所面对的困难和需求方面都显得毫无意义。

"我的孩子是孤独症孩子"这句话除了说明他是这个宽广谱系当中一员之外,没有告诉我们任何信息。这样的说法无助于让人了解他所面临的困难,他的优势和他既可爱又恼人的特质。谁让他高兴,谁又让他困惑或害怕?什么会引发他的关注,又是什么会激发他的兴趣,提升他的能力?

这些都是我们需要知道的。因为往严重了说,用"孤独症的"这个单一的形容词来描述孩子,很容易让人陷入一概而论式的思维,让孩子无法享受符合其个别化需要的服务。我们需要一分为二,画出红线:在多数情况下,我们需要这个标签才能获得服务。这个标签的问题不在于它是否足够准确或是否本身就有纰漏,问题在于你如何使用它,你应该将贴标签作为继续前行的一个手段,而不是把它用作自己或他人束缚孩子的借口。

对"孤独症的"这个单一前置词,我们还要提防滥用之门的开启。我们很多人都已经注意到,在世界各地都出现了将"孤独症的"这个形容词用作普通贬义词,来描述那些不合作、好斗、情感疏远或者难以沟通的人。我对任何时候出现这样的语言用法都表示坚决反对,它会剥夺我们孩子的权利——被视作具有特殊需要也不乏长处的完整个体来对待和教育。为了文化上的拉拢或认同而将对孤独症的刻板印象随口用作中伤诋毁之词,也会妨碍社会对我们的孩子做出整体的理解和接纳,这也是我们要以更加具体、更有建设性的语言为孩子代言的另一个原因。

很多孤独症儿童长大成人之后,他们会自主选择地认同自身的孤独症身份,也有很多人并不愿意将自己归为这样或那样的标签。无论哪种情形,选择权在他们自己手上。在理想的情况下,他们的选择建立在充分发展的童年之上,这个童年与所有人的童年一样,最初都是白板一块,充满了无限的可能性。他们在长大成人的过程中经历了多年的不断进步,在这期间我们培养他们的技能与知识，教给他们认知和社会情感，让他们一步一个脚印地进步，直至最终他们能够学会维护自我的权益，清楚自己的孤独症也许会带来很多挑战，但是不会成为自己的借口与免战牌。

因此，反思你自己在描述孩子时的用词，无论是孤独症的、有孤独症、阿斯伯格、谱系人士，问问你自己，这个或这些词会不会以某种方式限制你对孩子未来的期望和他们能带给这个世界的价值？如果会，那么请记住，没有任何事（没错，任何事）是预先注定了的，而且，这个时代也充满了无限的机会。

第二章

我的感知觉是混乱的

对你来说，你可能压根儿就不会去留意某些普普通通的画面、声响、气味、口味、触觉，可对我来说，那些却真是一种煎熬。周围的环境常常让我不舒服，甚至害怕。我可能看起来是一副恍惚迷茫或者刁蛮无理的样子，但这一切不过是我在被迫做出自我防护。这可以解释为什么你认为的简单的一趟商店购物之旅，对我来说却很可能是一场危机挑战。

我的听觉可能是超级敏感的。商场里有几十个人同时在不停地叽叽喳喳讲话，就算他们离我很远，甚至在视野之外；大喇叭里总是在大声播放着今日特价消息，音响系统播放的音乐真是刺耳。那些收款机的嘀嘀声、咖啡机的研磨声、绞肉机的转动声、婴儿的啼哭声、购物车的吱嘎声、荧光灯管的嗡鸣声……这些各式各样的声音输入，让我的大脑无法过滤，我一直处于超负荷的状态中。

我的嗅觉可能是高度敏感的。你可能没注意到海鲜柜台的鱼腥臭得很，我身旁的某个家伙今天没洗澡，熟食柜台挂放的香肠，排在我前面的那个婴儿拉在尿布里了，过道上有人在用含有氨水的清洁剂做清扫……哦，我都想吐了。

另外，还有那么多东西在冲击着我的眼睛！荧光灯太亮太刺眼，而且还不停地闪烁；地板、货架，还有货架上的商品好像都在动；彩灯的反射光让我的视觉空间出现扭曲；繁多的商品让我无法集中自己的注意力，我的大脑可能有部分被迫关闭了（用成人的话来说，这种应对反应被称作"隧道视觉"）。天花板上旋转的风扇，四周有那么多人，那么多张脸在来来回回移动，离我这么近，太吓人了。所有这一切，扰乱了我的感觉，我只好呆站在那里。情况越来越糟，我甚至都感觉不到自己的身体在哪里，我好像飘浮在空中。

孤独症带来的各种问题中，感觉统合问题也许是最难以理解的，可是它又可以说是最为关键的一个问题。我们的感觉系统是数据收集器，是将信息传送进大脑的"输入"通道，从而帮助我们弄清楚自己周围发生了什么。对于一个孩子来说，如果整个世界充满了干扰噪声、刺眼的光亮、难闻的气味，以及难以控制的杂乱物体，那么，他的认知学习与社交学习就不可能出现什么突破性的进展。他的大脑无法从各个感官输入中筛选出有用的信息，他从环境中获得的感觉刺激总是超负荷，总是那么杂乱，那么混沌。

当孩子身处这种电闪雷鸣中，承受着感官酸雨构成的风暴袭扰时，我们却常常自顾自地向孩子下达各种指令，丝毫没有考虑到这些指令对他是否有意义，只是一味要求他"注意力集中""完成任务""认真学习""遵守社交规则""和我认真沟通"。因此，如果忽视孩子遇到的感觉问题，我们就永远不可能去开发他的能力。感觉问题是孩子总体能力中至关重要的环节，关乎他的社会功能。

> 忽视孩子遇到的感觉问题，我们就永远不可能去开发他的能力。

想象一下你自己来到了康尼岛上的六旗山度假村游乐场，坐在全世界最先进、最刺激的过山车上面。（要是你不喜欢过山车，那么这个例子就再好不过了）。请问，当你坐在海盗船、过山车、风火轮之类的惊险游乐设备上面，这时候再让你去完成那些日常的工作任务，你能坚持多久？此时此刻，你能一边主持会议，或者一边授课，或者一边出席公司的盛装晚宴，或者一边撰写报告，或者一边打扫着房间，而同时却需要强忍着持续的晕眩、同伴的尖叫、重力加速度的冲击、方向的猛烈变换、对被甩出去的恐惧以及被风吹入口中的乱发、迎面撞来的小飞虫带来的感觉吗？瞬间的惊悚刺激可能极富乐趣，但是你得承认，这种刺激仅仅过了三分钟，你就会急着想要下来了。然而，对于很多孤独症孩子来说，他们可没有机会下来，他们要一周七天、一天二十四小时地经历这样的刺激。

很自然地，面对那些我们很费力气才能理解的概念和方法，我们都会尽量逃避，而更倾向于寻求最简单的解决方案。对于非专业人员，要想清楚地理解感觉统合问题对某个孩子的工作学习会产生怎样的影响，这个难度高到让人却步。虽然这是一个无比复杂的领域，但是它却贯穿于我们所思所做的一切计划之中。这也就是为什么我们把感觉问题看作应对孤独症的首要战场。

科学早就认识到感觉统合发生在脑干部位，感觉统合失调会导致大脑内的"交通堵塞"。你可能早就注意过孩子感觉超负荷的表现，只是没有意识到而已。孩子用手捂住耳朵就是一个明显表现。不太明显但并不难理解的举动包括孩子的突然兴奋、自我刺激，如不停地摇摆身体、乱啃咬、舞动手臂、搓捻手掌、来回乱窜，还有很多其他被称为重复性行为的小动作。很多令人难以理解的行为，如攻击、极度木讷、动作笨拙，对于伤痛的过度敏感或者不敏感，其背后的原因可能都存在感觉方面的问题。包括很多极端行为，如情绪崩溃，尽管其引发的原因尚不非常明确，然而，感觉超负荷也许是值得首要考虑的可能。由此给我们带来的问题非常棘手、非常复杂，而且会长期存在。然而，有关孤独症的几条普遍真理虽然数量不多，但其中一条就是：无论你感到多么莫名其妙，也无论你感觉多么突然，任何一项行为都绝不会无中生有地出现，肯定有一根引爆的雷管（关于这点，我们将在第九章里做更多的讨论）。你必须把它找出来，而且要牢记，如果你的孩子没有语言，或只具备极为有限的语言技能，或者没有替代沟通的技能，那么他不可能告诉你究竟是什么引起了他的不适。即便你的孩子是个喋喋不休型的阿斯伯格综合征孩子，虽然看上去他很能说，但是他也完全有可能找不到合适的词汇或缺乏成熟的认识，没法描述自己身上出现的复杂的神经生物学状态。

要想从对感觉统合问题的各种解读中找出一套切实可行的理论，这非常困难。我们的身体中有多达二十一种感觉系统在一刻不停地运转着。作为常识，你最熟悉的五种感觉系统是：视觉（眼睛看）、听觉（耳朵听）、触觉（肌肤接触）、嗅觉（鼻子闻）、味觉（舌头尝）。此外，我们还有四种经常提到的感觉系统：

1. 平衡感：平衡或前庭感知觉。

2. 本体感和运动感：对方向的感知觉和对自己处于运动中身体及四肢的空间位置感。

3. 伤痛感：对疼痛的感知觉，又分三种：皮肤或表皮的、躯体或深层组织或肌肉的、内脏器官的。

4. 内受感：帮助我们调节身体的内部状态，比如，疲倦、饥饿、需求的解除、焦虑的生理表现，如心率、呼吸频率。

本章内容并不是要对感觉系统展开全面的讨论，下面的内容只是对每种感觉系统做些简要的描述，讲解它的受损对于我们的孤独症孩子来说意味着什么。超敏感的感觉系统需要平复，以克服那些超负荷的感觉。不过，感觉也可能有刺激不足，或者反应过低的情况，这时需要的就不是平复了，而是唤醒感觉、激发反应。在孤独症孩子的疗育团队中，不可或缺地应该有一位精通孤独症的作业治疗师，他能够详尽地评估、分析和讲解孩子存在的个别化问题，并给出应对方案。切记，每个孩子的感觉敏感度是各不相同的，有些孩子会过度敏感，有些则非常不敏感和感觉不足，还有些孩子会不停地在两者间变化，一天一个状态，甚至每个小时都在变化。

视觉感知

对于很多孤独症孩子来说，视觉往往是他们的最强项。这既是好消息，也是坏消息。因为这意味着在学习探索这个世界的过程中，他们会更为严重地依赖视觉输入，但视觉也往往是第一种会过度刺激他们神经的感觉。明亮的光线和物体，反光的表面，视野中物品数量太多，或物体运动速度太快或者运动速度不规则……这些都可能导致他们在视觉感知上的失真与混乱。孤独症孩子在视觉上的这种情况非常普遍,因而本书在后面对此做专门的讨论。

我们还会注意到,虽然在很多孤独症孩子身上,他们的视觉感知最为强劲,但是也有一些孩子的视觉并不活跃,甚至杂乱无章。这种情况的表现包括,有些孩子不停地摇摆或旋转自己的身体(试图反复变化自己的视觉角度)、敏捷好动地爬高(登上梯子、楼梯),痴迷于某些运动的物品(玩具火车、水车转轮)。某些生理局限也会表现在游戏当中,比如,有的孩子可能缺乏对深度感知的能力,视野存在局限(试想一下通过一个纸卷看过去你会少看到多少周围的东西),在有的孩子的视觉世界中图像会出现扭曲变形和碎片失真的情况,如同一张毕加索的抽象派绘画。

听觉感知

听觉系统能够为我们提供大量的信息。我们从采集到的声音中能够立即分解出相应的各种要素,包括音量、音调、频率、振动以及声音源的方向。我们会转头去寻找声音的来源和移动轨迹。如果我们发挥听力的生理校准功能,竖起耳朵就能集中注意力听到某人正在说的悄悄话,而针对周围那些太大的声音,我们会自我保护地采取捂耳朵等方法将其屏蔽掉。

然而,对于很多孤独症孩子来说,他们的听觉感知普遍地存在损伤。过度敏感的听力会导致恼人的痛苦。日常生活中的各种声音对这些孩子来说,要么太响,要么太刺耳,要么太突然,要么太尖利,要么太扰人心烦……孤独症孩子可能会听到你听不到的声响,而那些声响在他们的世界里却早已变成了震耳欲聋的杂乱轰鸣。孤独症孩子可能没有能力去压制或过滤掉那些声音,无法在混有电视节目的音响声中分辨出你的话语,无法在课堂同学们的小声说话或者有他人走动的环境下分辨出老师的讲课声音。在不那么讲究的人眼里还算整齐有序的一个环境,可能在听力过度敏感的孤独症孩子那里,却是一个令其困扰不堪随时会被引爆的雷区。

明显有太大声响的场所包括狂欢的音乐会、篮球比赛场馆、充斥各种声音的食堂和操场、特种车辆开过的警笛……这些都是有可能引发孩子出现生理痛苦的环境因素。例如，孩子要想从消防演习或汽车引擎突然发出的巨大声响所引发的强烈恐慌中恢复过来，往往需要数小时的时间。某些极端的例子中，有的孩子甚至能够听到房间里其他人的心跳声。这就好比当我们来到海边准备享受冲浪运动时，我们却只是痛苦地领略了海浪袭来的猛烈击打，在顾及不暇中已经完全忘了该如何去操作冲浪板了。

有些很平常的声响，听上去并没什么威胁，但是它给孤独症孩子带来一种很有节奏的持续侵扰。例如，孩子躲在自己的房间里并不是因为他不喜欢这个家，而只是想躲出去，逃离那些洗碗机、咖啡机、洗衣机、烘干机、吹风机、电视机的噪声。这时的孩子也有可能通过不断转圈来保持自己内心的平静。再看看学校里的情形，教室里的同学们都在听老师讲课，而孤独症孩子却无法分辨出老师的话语声并将其调成自己听觉系统最首要的接收目标，他无法过滤掉铅笔转刀发出的磨削声、窗户上一只苍蝇发出的嗡嗡声、户外割草机的运作声、坐在自己身后的那个同学时不时的咳嗽声以及隔壁班同学集体离开教室的脚步声。知名的孤独症人士天宝·格兰丁博士（Temple Grandin）曾经细致地描述过自己的个人经历，对于这方面的困扰她简单明白地写道："走入沃尔玛超市，就如同走入了一场摇滚音乐会的音箱里。"

往好的方向上给你的提醒：你孩子过度敏感的听觉也并非总是痛点，也有可能让他体验到漫画书里的某位超级英雄才有的经历，或化身为苏斯博士故事书里的角色。我们有些人可能还记得，在苏斯博士的故事《大布拉格》中，他的兔子号称能够在一百五十千米之外听到苍蝇的咳嗽声。超常的故事可以带给我们超常的乐趣。不过，孤独症孩子能够听到并且反复听到室内室外或窗前门后的谈话，这种事情并不罕见。有一位妈妈开玩笑般地发誓说，自己的女儿可以听到邻村里有人正在打开一袋薯片。我儿子还在蹒跚学步时就经常看着天空说"飞机"，他说完三十秒之后我才能听到或看到飞机。你孩子的超强听觉也许印证了那句古老的英语成语并赋予了它崭新的含义：人小耳朵长。

不敏感（低敏感）的听觉也会带来一系列的麻烦，它会影响语言的发展和应用，影响社交学习，影响学业。这样的孩子可能会错过人家所说的信息，也无法对听到的某些声音进行加工，还可能会将某个单词或短语误解为自己听到的其他信息。那些看上去是懒惰或者抗拒的举动，其实很可能是他们由于感觉障碍而采取的自我保护，是在努力过滤或加工那些他们日常生活中所遇到的再普通不过的某些声音而已。

听觉敏感度不足的孩子需要费力地加工那些声音带来的信息。有可能他只会很轻地说话，也有可能只会大声说话，有可能会到处去找寻那些发出噪声的机器（割草机、吹风机、搅拌机），去找寻周围制造这些感官输入的环境因素，有可能会粗野地摔弄玩具或物品来制造出某些令人烦躁的噪声来，还有可能对某些冲水的物品表现出特别的痴迷（瀑布喷泉、洗浴设备、抽水马桶），或者非常喜欢带有振动蜂鸣元件的玩具。

如果你的孩子或学生能够跟随文字或者视觉提示的指导，却难以理解甚至不能理解口语的指令，那么，我们就有理由怀疑他在听觉感知的加工过程中存在障碍，有可能是过度敏感，也有可能是感觉不足。

触觉感知

我们的肌肤有能力接收的信息数量大得令人惊叹，既能够感知重压，感受光线的照射，且感受到的温度范围非常宽，也能感受各种类型的疼痛、各种振动，以及各种运动，还能感受各种材质的表面特征，从黏糊糊的到粗糙的。

对接触过度敏感被称作触觉防御。孤独症孩子困在自己有触觉障碍的皮肤之内，却无法调节自己的难受感觉，比如当穿上了一件很不舒服的衣服时，比如遭到别人不舒服的接触时（拥抱对你来说也许是热情而友好的，可对他来说是一种折磨），又比如当他不得不去触摸或者去吃某个表面材质令他非常讨厌的东西时。

对于触觉防御的孩子来说，服装上的标签、纽扣、拉链、弹力袖口或脖领，以及各种此类衣服上的装饰物件，都有可能导致他的分心。无论在室内还是在户外，他们都忍受不了赤脚，有些孩子还经常会踮着脚尖走路。你的孩子有可能会躲避你的拥抱，也可能会对理发、洗头、刷牙和剪指甲等任务做出激烈的抗拒。手指游戏，如沙坑内的活动，带给他们的压力很可能会远远大于带给他们的乐趣。

敏感度不足的情况会导致孩子非常渴望被接触的感觉。你的孩子有可能在走廊里必须用手触摸着墙壁从一个班走到另一个班，坚持用自己的手指去触碰所有沿途遇到的物品和人，或者他对温度的变化从来都无所谓；还有可能做出某些难以理解的扰人举动，甚至是有危险的举动；还有可能激动地自伤（咬、掐、按压各种物品、使劲地刷牙）；还有可能对自己行为的力度没有感觉，对于自己忍耐疼痛和温度的最高限度都无所谓。她可能会更喜欢穿紧身的、厚重的或者带有纹理的衣服，或者有可能会做出某些古怪的事情，如穿上全套衣服去洗澡。她还可能会故意触摸或撞到某个物体和其他人，从而获取感觉上的快意，这些举动有可能会被人看作笨拙，被人厌烦、遭人捉弄，进而让她逐渐地逃避尝试一些新的运动项目。由于触觉感知不足的孩子常常会去四处寻求持续的接触刺激，家长很可能会认为孩子太过黏人，而其他人则将这种不适当的接触当作一种冒犯。

多数作业治疗师都会告诉你，他能够成功地帮助触觉过敏的孩子进行脱敏，也能成功地对触觉感知不足的孩子加以触觉激发。作为母亲，我告诉你我家孩子的真实经历吧。我儿子在最初的几年里，在任何可能的情况下，全天候地只肯穿上他那件生日礼服；他只对极个别人，才肯半推半就地（脸朝向一边）接受拥抱。可当小学三年级时，他已经会挑选牛仔裤和法兰绒衬衫了。而到五年级时，他参加了各式各样的野外活动，包括徒步旅行、骑自行车、背上背包等，对于户外遇到的黏糊糊的小虫子、痒痒的野外刺激物，他全能眼都不眨地应付过去了。这就是适当且规律的干预为他带来的成果。

嗅觉感知

"什么味这么难闻？"这是当初在我家经常听到的抱怨声，而我怎么闻都闻不出什么来。助理老师曾经告诉我说，即便他刚刚洗过澡，他的孤独症学生也常常一见面就说"你好难闻！"嗅觉防御（对气味的感觉过敏）也是孤独症孩子的常见问题。那些香水、香料、化妆品对于普通人来说是令人愉悦的或者是可有可无、被忽略的，可是对于孤独症孩子来说就有可能是一种令他们痛苦的刺激，甚至会让他们病倒。如果你对某些油漆、胶水、香水或地板清洁剂的气味产生过头痛反应，如果某些鱼、西兰花、大蒜、猫粮或某种奶酪的气味曾经让你闻到后肠胃翻滚，或者让你眼泪涌出过，那么，再将这种感受强度翻上几番，你就能体会到孩子是什么感觉。不要让你的孩子去清理猫砂，那种号称"无味"/天然橘香味/松脂味的猫砂，再混合猫砂下面埋藏的猫的排泄物，那种味道很可能会将你的孩子打回原形，露出窘态。

这里我给出一份家中潜在的嗅觉刺激物的黑名单：

- 带清香剂的洗衣产品（如果用它洗孩子的衣服，他就会一整天浸泡在这种味道里，难受但表达不出来）；
- 香皂和洗发水（包括婴儿香型的，如泡泡糖香型的）；
- 洗手间空气清新剂（它其实只是增添了另一种难闻的气味）；
- 洗手液、洗面奶、沐浴乳；
- 除臭剂、须后水、古龙水；
- 护发产品；
- 指甲护理品；
- 房屋清扫用品，如氨水和漂白粉、家具抛光剂、地毯清洁剂、湿纸巾，以及其他淡香型的清洁剂；
- 烹调时的气味；
- 庭院中用的各种杀虫药剂。

在校园里，我们可能会遇到油画艺术教室、产生刺激气味的科学实验、散发洗发水和古龙水味道的同学、有芬芳气味的彩笔、老式煤油炉、窗外刚割过的或者施过肥的草坪、养仓鼠的笼子、被遗忘在橱柜中过了很多天的午餐等。有不少孤独症学生曾在学校餐厅里控制不住地呕吐（如果午餐时间的气味对你的孤独症学生干扰太厉害，那就得另找个用餐的地方）。

嗅觉感知不足的孩子可能会做出让旁人觉得过分痴迷的举动，如去嗅自己或者别人的身体；或者相反，由于闻不到自己身上的味道，她有可能根本意识不到自己什么时候该去洗澡或刷牙。她还可能会古怪地将不能吃的东西放进嘴里，如泥土、糨糊、硬币或者肥皂，也可能会在冒犯到其他人的时候她却表现出无动于衷的举动，如对小便（遗尿）和大便（残污）的自理上。这两种情形也与触觉感知的不足很有关系。

味觉感知

我们的味觉与嗅觉有着非常密切的关联。嗅觉感知可以看作一个前哨：如果某种食品闻起来就很危险，比如散发出霉味、焦糊味、腐臭味，那这种气味就会让我们停止下来，不会再将食物放入口中。这是自然就有的自我保护方式，让我们避免食入有毒有害的物质。一个人的嗅觉感受会影响到他对食物风味的看法。味觉系统过敏的孩子会对辛辣口味的食品表现出抵触，比如许多有刺激味道的蔬菜，以及那些含辣椒素的辛辣食品；还有可能会对食品的温度或材质的变化非常敏感，表现出抗拒的举动，我们的孩子可能都较为偏爱冷的食品（冰激凌或冷藏的果汁）、滑润口感的食品（糕点、桃子罐头、调味酱），或者那种炖烂而较均匀地混合在一起的食品，如砂锅、三明治或浓汤。他们对于肉类食品的纤维质地的感觉非常抵触，对碳酸饮料杀口的刺激感觉也不能接受（这倒是个好事哦！）。其结果是许多孤独症谱系的孩子的挑食情况极其严重，常常是只能接受非常有限的几种食物。

而在另一个极端，孩子也可能存在味觉迟钝的问题，他会表现出一些对味觉的领悟水平很低的举动，可能会：（1）看到什么东西都拿进嘴里去吃，因为什么东西的味道都不错；（2）吃得很少，因为食物不能提供给他愉悦的感官体验，他对食物没兴趣；（3）将食物组合出奇怪的口味来吃，比如将炸薯条蘸着桃子酱吃，或者吃热狗时抹上黄油；（4）吃一些让人担心的东西，比如泥土、糨糊、咖啡渣、纸张、头发等。

除了孤独症的病理因素之外，微量元素的缺乏等方面的问题，也会导致口味上的问题，口腔卫生对于孩子的味觉感知也很重要，因为卫生不良会导致细菌或病毒感染。

味觉敏感（有时被称为超级味觉）和味觉迟钝带来的麻烦都会损害身体健康。味觉敏感会导致孩子抗拒摄入很多对身体健康非常有益的食物，比如蔬菜。味觉迟钝则相反，孩子会为了满足口腔的感觉需求，过度地乱尝乱吃，从而引发一些疾病，而且成年后的喝酒吸烟的行为也与之相关。

解决味觉感知上的问题，我们需要的是知识视野和精细评估，还需要时间和耐心。要保持自己的理智，听从专业作业治疗师的建议，不要随意地在家中自己乱试。

前庭感和本体感

就好比在运作良好的公司里的一个财务部门，当一切都有条不紊的时候，没有谁会意识到它的存在和重要性，只有当出了乱子的时候，我们才猛然意识到这个最为基础的部门在职能上的出错将会导致严重的混乱。

我们的前庭系统会通过眼睛和头部的位置变化来调控平衡（稳定性）的感觉，其指挥中心位于内耳。本体感觉是通过关节和肌肉反馈来的信息，告诉我们自己的身体所处的空间位置，以及自己的身体正在受到哪些外界压力的作用。在缺乏了解的人那里，前庭感和本体感觉问题并不容易得到他们的承认，可如果不能看到这些问题，不能给予积极应对，那么就等于将孤独症孩子弃于一种无助的困境当中，眼看着他孤军奋战。

前庭感和本体感的损伤会对孩子的日常运动功能产生阻碍。孩子可能被自己的脚绊倒，可能会走路碰到墙，或者坐椅子时掉下来。她还有可能对重力缺乏安全体验，一旦自己的脚离开地面就会表现出焦虑，比如在爬滑梯、在使用公共卫生间、骑自行车、所坐的椅子太高或者无脚蹬的时候。我们可能在不经意间加剧孩子在这些最为基础的运动中存在的焦虑，在我们教他学习新技能项目的过程中，包括认知和学业、社交和大肌肉动作的学习过程中，这种焦虑很有可能被激化。因此，很容易理解为什么很多孤独症谱系的孩子会逃避体育项目，因为他们曾经有过受挫的经历：他们在比赛中会被分配承担某些位置任务，需要发挥出肢体运动上的技巧，还需要具有策划谋略，要做出一系列的动作，像运球、接球、跳跃和穿球，还有带球、瞄准并投篮。此外，还必须掌握很多社交认知方面的内容：记住比赛规则、运用这些规则，理解队友们的沟通（当失误时还要能够接受队友以及教练或裁判的大声呵斥）。

前庭感上的障碍会影响几乎整个身体的所有功能，会导致头晕目眩而产生一系列症状，例如失去平衡、恶心、听力减弱（会感觉好像耳朵被堵住了，或者听到的都是些杂音，如同一台坏了的收音机）、视觉干扰（物体或者书本文字都变得模糊起来或动了起来）。前庭感的失调，还会让人对于距离的判断出现困难，对光线的强弱感受变得夸张起来，这些孩子还有可能因此产生问题，包括记忆力的衰退、注意力的涣散、持续的疲惫感、急性的焦虑与抑郁。

本体感失调的孩子有可能会出现走路姿势奇怪、步伐沉重，或者在使用餐具、铅笔等需要精细运动能力的时候出现麻烦，看太近的物体时可能会失去身体的平衡，也可能会表现为一个总是乱冲乱跳的"冲锋战狼"的样子，那是因为他那样做可以寻求到某种刺激感觉的输入。他们可能成为"空间入侵者"，由于缺乏概念，他们不了解人与人之间在不同情况下应该保持怎样的恰当距离（在第八章会专门讨论亲近交流的问题），有可能时不时地毫不经意地靠近他人，而且常常会无意间不由自主地撞到别人。

除了需要有作业治疗师提供的宝贵支持之外，孩子还需要有合适的体育老师，帮助她开展大运动练习，而且有必要对孩子的课程设置以及教学设施做出某些调整,这样可以让你的孩子更好地参与到同学们的体育课以及操场活动中去。你可以向所在学区的特殊教育部门咨询,看看他们是否能够提供这样的特教体育教学顾问。

协调一致的干预

孤独症谱系内的大多数孩子都面临着不止一个方面的感知觉挑战。随着时间的推移和治疗的跟进,感觉失调的类型和程度会在不同的阶段发生不同的变化(可能某项感知觉过敏,而另一项却迟钝,或者某项感知觉同时存在过敏与迟钝的现象)。"协调"这个词有两层含义——"努力"和"配合"。为帮助我儿子缓解他非常典型的感知觉困难,专业人员要求我们家长"努力"地开展"配合",依据协调一致的团队方案开展干预。这种在家长、学校与治疗师一起努力下的团队策略,会产生最佳的效果。

在专业的作业治疗师的手中,最有效的工具就是专门针对你的孩子而制订出的一份干预计划,它也被叫作"感知觉菜单"或者"感知觉地图"。干预计划中标识出了这个孩子特殊的感知觉需求,并制订出定期开展的规律性活动,以最便于孩子参与执行的形式,最便于他自我调节的形式,帮助孩子有效地组织好自己的各项感知觉输入。专业的作业治疗师通过各种正式或非正式的观察与评估,将会确定以下三个方面的干预内容:

1. 要明确了解孩子的感知觉水平,这个感知觉水平可能会在一天之中不停地上下波动。迟钝的感知觉或者过低的响应水平需要的是唤醒刺激,增加感觉输入。而过度敏感或者过高的响应水平则需要平复刺激,降低感觉输入。

2. 明确当前孩子的感觉系统的状态(哪些感知觉良好,又有哪些感知觉出现了问题)。

3.通过记录找出那些出现问题的感觉刺激的来源，以及引发孩子出现情绪或行为反应的特定因素（特定的活动、任务的转换过程、地点与人物、接触过的物品）。

感觉治疗的主要目标是帮助孩子能够逐渐学会自我识别已经出现的感知觉问题，然后运用（事先教给他的）应对策略进行自我调节，或者调节不了时向他人求助。我们可以为孩子制订有规律的作息表；为他提供一些可以用来发泄或者啃咬的玩具；还可以为他布置出一个用来安静学习或放松休息的角落。在孩子的日常活动中加入那些既满足他的感觉需求又能让他发挥出自己能力的活动内容，使孩子获得既敢面对困难又能够控制局面的成就感，这对提升他的认知能力和社交能力很有帮助。

感觉加工上的功能障碍，并非是孤独症特有的问题，如果你仔细观察一下你自己及周围人的一些举动，就能从中悟出些道理来，帮助你更好地理解孩子的那些感觉需求。在卡萝尔·克拉诺维茨（Carol Kranowitz）所著的《同步真好》（*The Goodenoughs Get in Sync*）这本儿童教育书里，她轻松而精辟地指出，家庭中的每一员，乃至小狗，都需要努力面对各自不同的感觉加工上的问题。比如，爸爸品尝不出葡萄汁和草莓汁之间有什么差别，也判断不出哪把铲子更重些；妈妈总是碰到什么家具，常四处走来走去，时不时地伸个懒腰，嘴里哼着歌儿，还不时地咬下牙；孩子手里拿着铅笔、粉笔或橡皮筋不停地摆弄……普通孩子在描述自己的问题时，也常常会有说说停停的现象；他们说一件事情时，有可能总是说不清楚；可能特别受不了失去重心的感觉；存在视觉防御、听觉辨别上的问题；动作不协调，或者在某些运动上存在困难。如果家庭成员都忽视自己感知觉需要的话，那么这个家庭肯定会陷入一团糟的状态。可当他们依据各自的"感知觉地图"来行动的话，家里的一切又能恢复和谐了。我们每个人都能把握好自己的感知觉需求，你有理由相信，你的孩子也能。

忘掉那些埃及金字塔和巴比伦空中花园什么的吧，真正的世界奇迹就在这里，在神经生物学所说的感知觉上，它真正驾驭着我们的所有能力，要么发挥功能，要么引发障碍。我们曾做了七年的专业感知觉训练，帮助我的儿子从无语言且冲动的幼儿，成长为如今自信、善良、能够自我管理感觉需求的少年。这就是我创造的一个奇迹。

第三章
请分清不想与不会

你可能认为我不听话，或者认为我就是不想按照你的要求去做，但这并不是我不遵从的原因，真实的原因是要么我听不懂，要么听懂了却不知道该怎么做。当你在隔壁房间里向我喊话时，我这里实际听到的只是"*&^%$#@，宝贝！*&^%$#@"。其实，如果你能走到我身边，吸引我的注意力，然后用平缓的语调说："宝贝，去把书放到桌子上，该吃饭了。"那就好了。这样的指导才能明确地告诉我你想让我做什么，并且告诉我接下来会发生什么，那么一切对我就很简单了，我就会很听话了。

有的时候，你要求我做的会伤到我或者让我不舒服，可我不知道该怎么应对。

有的时候，我不知道该怎么告诉你我为什么不去做，但是我知道这不是因为我不愿意，只是因为我做不到。

斑马究竟是白底黑纹，还是黑底白纹的呢？就算你问十个人，或者到网上去搞10次投票调查，你也未必能得出统一的答案。印象中，我们以为斑马是白底黑纹的，因为它的腹部是白色的，沿着腿往下也是趋于白色的，不见了黑条纹。但真正的事实是，斑马是黑底色的。这就是大自然母亲给我们上的生动一课，很多事情的真相并非是我们从表面上看到的那样。

孤独症的复杂性也同样如此。我们怎样才能区分哪些事情是我们的孩子不愿做的（选择不去做，这是源自他的个性和风格，或者源自教养而获得的行为模式等），哪些事情是他不能做的（他没能力做到）？我们的孩子经常被人抱怨，说他们"不愿"做，比如，说他不愿听话，不愿接受指导，不愿停止玩弄自己的手指，不愿继续做好自己的任务而跑开了，不愿停下某个古怪而刻板的举动。我们这些成年人总以为孩子对某件事情已经从它的功能以及它的社交意义上有了充分的理解，总是认为他既然曾经做成功过一次，那么他就一定能够在其他情况下，无须再提示，无须再练习，无须再鼓励，他也能再次完成这个任务。如果我们总是以成年人的能力去看待孩子所面临的各种困难，那么自然就会凭着各种各样的假设，认定孩子已经有了某些知识和能力。在这个想当然的过程中，我们成年人没有多思考一下。我们遇到的很多问题，其根源可能就出在这些想当然的推断上。

"不愿做"与"不会做"不能相互替代。"不愿做"指的是有预谋的、故意的、成心而为的。而"不会做"则明确地承认他的行为并非是刻意选择的，而应归结于他的能力、知识或机会的不足。

之所以说"不愿做"与"不会做"之间有着泾渭分明的区别，是因为在行为科学上有两条绝对的原则：

  所有的行为都是沟通。

  所有的行为的发生都有原因。

现代心理学知识告诉我们，行为存在着不同的动机：吸引关注、寻求或逃避感官刺激、表达无能为力的感觉、对行为界限的挑战、对认知及社交发展阶段的探求、对自己独立性的探索等。有些行为可能是源自孤独症带来的问题，而有些行为问题则在所有儿童的发育过程中都会遇到，无论是不是孤独症，都必须经历。如果在下一次，你发觉自己在说"他不愿……"的时候，请立刻打住，按照我下面讲的各种常见的行为原因，重新审视一下你孩子的行为，看看是不是可以用"他不会……"这种说法来替换"他不愿……"那反而能更为准确地描述孩子当时的处境。

抗拒/逃避行为。你的孩子或学生不知道如何按你的要求去做，或者存在某个你并不了解的因素让他觉得非常不快。

很自然，孩子和我们成年人一样，都想逃避那些不愉快的任务。要想解决这种抗拒行为，就必须精准地找到抗拒的源头在哪里。你此时最重要的是充当一名行为侦探的角色。你可能会惊讶地发现，孩子或学生往往是因为缺乏能力、缺乏指导或者缺乏合适的机会，才导致他对你的要求表现出勉强或拒绝，而且你可能发现"几乎100%是这种情况"。最有可能的原因包括（先休息一下，我们一会儿再回来）：

- 他根本没有听到你的要求，或者你的要求只有很少的一些碎片进入了他的大脑；
- 他并不理解你的指令和要求；
- 他不清楚或不理解活动的规则与流程；
- 他缺乏某项精细运动或者粗大运动的技能；
- 完成任务需要的行为要求或者知识要求过高；
- 任务活动带来的某些感知觉压力会让他身体很不舒服；
- 你下达任务的时候正赶上他很饿或很累了；
- 上述的各种情况，单独或组合出现，带给他的是无助和焦虑。在这些情况下，都应该将"他不愿……"换个说法，应该说"他不会……"。

最重要的是，我们的孩子惧怕失败、惧怕批评。在他们具体的、非黑即白、非此即彼的视野里，事件的结果如果不是巨大的成功，那就是巨大失败。这让他们总是处于压力之下，处于焦虑之中。而且，当你向他提出一项必须完成的任务的时候，你是否允许他拥有一定的选择权或者灵活度？他对于应该如何更好地执行任务，有过自己的发言权吗？逃避行为最常见的原因是孩子理解力的缺乏和对失败的恐惧感。

我们要想让孩子更好地完成任务，就应该让她拥有发言权，这样可以增加她成功的机会，反过来还可以激励她努力尝试。我们需要询问、试探并且指导，清楚孩子如何才能更好地完成任务，如何才能更好地满足她的期望。我们可以帮助她练习填充这样的句子："如果_____，那就更好了。"下面就是一些例子：

- 有个大人来帮助我。
- 有个小伙伴或兄弟姐妹帮助我。
- 我有很多时间。
- 我自己可以做。
- 我可以和合作伙伴或整个小组成员一起做。
- 我可以换一个地方做。
- 我可以换一种方式告诉你：
  - 在小组里或私下里说给你听。
  - 写下来。
  - 用画画或者用玩具物件展示给你看。
  - 在手机或电脑上打字记录我的想法。
  - 借助电脑或手机向你说明。

寻求关注的行为。孩子希望得到大人或同伴的关注。

这种行为带给我们的好消息是,他想互动;坏消息是,他那些不恰当的寻求关注的举动通常会扰乱课堂秩序和家庭生活。如果你经常因为他"不愿意"停止这种干扰行为而感到非常恼火,那就请先冷静下来仔细考虑一下:你之前教过他吗?他是不是还不知道该怎么做才算恰当的求助方式?不知道怎样才能获得别人的关注?面对孤独症,我们经常会左右为难,一方面不想让孩子出现那些干扰社交的行为,而另一方面,他却不知道何时该怎样去做出适当的求助举动。我们的孩子需要在明确的指导和示范下学习如何提出要求,比如教他说"我需要帮助"或"我不明白",而且,孩子在学习如何请求别人给予帮助时,非常需要你给予情感支持,他要的不仅仅是如何说出语言或做出动作,更需要你的鼓励,对他求助举动的鼓励。在教孩子学习如何恰当地提请他人关注的同时,还必须对我们成年人的举动做出反省,我们是不是未能给予他所期待的足够的关注。

同样还应该留心观察的是,他从小伙伴那里得到了足够且适当的关注了吗?能从中获得积极的自我评价吗?想想看,他是不是在行为不当的时候,反而比适当的时候会得到你更多的关注呢?你对他的表扬是不是多于对他的批评呢(赞美与批评之比应为 5:1,这是教育学家和心理学家广泛提倡的比例)?在你还没意识到的情况下,你是不是无意中强化了孩子的那些错误行为,而你本来是想消除掉它们的?比如,她乖乖的时候,你并未搭理她,而当她开始胡言乱语或者把床当蹦床玩儿的时候,你却立刻开始关注她了,如此,你就成功地强化了她的那些不当行为。还记得我们前面提到的格言吗?"所有的行为都是沟通",这条格言也同样适用于你和你的行为。

自我平复。正如我们在前面第二章所讲到的,你的孩子会无意识地试图平复或者激发自己的某种超负荷或者迟钝的感知觉,从而降低自己的焦虑和不适。这

> 如果他没学会,那你也就谈不上教了,如果他不能利用信息,那也就谈不上在学习。

也许是行为背后的一种生理原因，很需要我们的帮助，我们应该帮助孩子学习使用一些可行的感知觉应对策略，因此，这类行为也自然应该划入"我不会"的范畴。请注意，我这里说的是"帮助孩子学习使用一些可行的应对策略"而不是单纯的"教导孩子技能"。如果他没学会，那你也就谈不上教了，如果他不能利用信息，那也就谈不上在学习。正如你在本书中会看到我反复地说某个观点（与我们的孩子一样，我们并不总是在第一次接触信息的时候就能学到什么），要想打开教与学之间的通道，往往需要找到一种合适的模式，而它不一定就是你一开始选择的那种。

自我娱乐。这是你孩子找到某种能让自己开心的特殊行为方式。

与普通孩子相比，孤独症谱系儿童的游戏感比较弱，或者说更为刻板，但这不妨碍他们换着花样自娱自乐。这是一种了不起的本领，对这一点，那些成天喊着"我没有事做，好无聊啊"的孩子的妈妈一定非常赞同。但是，能够在集体中有效互动是一种基本的生活技能。孩子早期的游戏技能应该面向未来地加以引导，逐步发展出在学校集体活动中的互动技能，以及青春期少年团体内的互动，乃至职场及社区生活中的团队协作能力。如果孩子在旁边无人时，一直不停地重复着某种消遣举动，那么这很可能是孩子正在告诉你他很想有人一起玩，只不过他没有足够的与人互动的技能，也缺乏这样的机会。

游戏技能是循序发展的，从最初的独自游戏开始，逐渐地发展出观察他人游戏的技能，继而发展出平行游戏、合作游戏的技能。我们需要确定孩子处于哪个发展阶段上，然后你和干预团队为孩子制定一套帮助计划，在家里和在学校同步实施。所有这类计划，都需要随着时间的推移并根据孩子的集体活动技能的扩展与进步而逐步升级。

控制。孩子总是试图将环境中的某些物品整理来整理去。

孤独症谱系孩子所能够控制的东西很少，因此，他们在受限的世界里，为了保持自己的规律和稳定，他们在对生活的体验过程中持续不断地试图施展自己仅有的那些能力。这种尝试的形式可能是他们做出的某些公然的举动（比如那些看上去像是具有反抗性的对抗行为或者攻击行为）；也可能是某些处于被动状态下的侵略性举动（比如，他们静静地或暗暗地持续进行自己想做的但却总被否决的事情）。

作为一个普通的成年人，每日生活中分分秒秒都在不间断地拥有着各式各样的选择机会。这样的选择机会对你来说是理所当然的，而且你也有选择的能力。然而对于你的孤独症孩子来说，他做出选择所需的那些推理能力和决策能力却极为有限。通过孩子的控制性行为，你可以判断他是否有足够的独立思考能力，他表述自己需求的能力如何。你要做的就是帮他打通这些道路，教给他决策技能，增加他的备选方案，提高他取得自我成功的机会。

对于一个只顾拼命满足自我愿望的孩子，你很容易掉进跟他对峙的陷阱里。不过，在你做出行动之前，可以先提醒一下自己，你的目标究竟是什么？你的目标只是让孩子服从你的意志，让他尊重你的权威吗？你要不惜一切代价地强制他遵从吗？（还需要再问问自己，这样的目标即便实现了，就真的算是胜利了吗？）或者，你的目标是要让孩子调整自己，教他以恰当的、可接受的行为步入社会，在这个世界成长为拥有自己位置的一个公民？

布莱斯年幼时就曾经有过那种消极性的侵略举动，而从他那些举动中，我们了解到了他在怎样的情况下会出现怎样的社交行为：他用行为在告诉我们，如果我们未能在他可承受的时间之内结束某次外出活动（不超过五分钟），他就会以转身就走的方式来自己解决这个问题。在某些场合下，不难想象他这样做会有多危险。每当我回忆起那些场景，都会心有余悸，他曾经迅速消失在闹市街头，消失在人群中。很快，我们就清楚了，一旦布莱斯说"我准备走了"，那就意味着没有任何商量的余地，他已经归心似箭了。他是在操控我们吗？我们是在被他操控了吗？都不是。他只是在告诉我们，他已经承受不下去了，接近崩溃了。这是他发展出来的一种自我意识和自我表达的巨大成就，代表着他的发育水平和家长、治疗师以及老师共同努力的成果。它需要我们尊重，也值得我们尊重。我们应该义不容辞地相应调整自己的原有计划。我们的目标是让布莱斯有能力从全家为一个整体的角度上做出考虑，去应对这些公共场合的社交活动。为了实现这一目标，我们必须在他接近能力极限之前，倾听他的言语与非言语的警告，并遵从他的要求。那一段时期，我们被迫做出过无数次的仓皇撤离。但随着时间的推移，布莱斯有了语言、有了自信心，感觉承受能力和社交技能都有了提高。就这样，等他长大到十几岁的时候，我家这位小伙子已经可以去任何地方了，可以单独去参加他的高中毕业庆典，去郊外旅行了。

报复。你的孩子在认为遭受到不公平对待时做出的反击。

我之所以在此给出这一条，其实是想告诉你，这一条恰恰是你最应该排除掉的动机。

"他这么做事在报复我。"算了吧，朋友！一个人要想建立公平或不公平的概念，必须能够判断出他人的动机和感受，可这恰恰是孤独症孩子匮乏得要命的能力。更何况，进行策划和实施报复，那需要有一定水平的计划能力，还要有很高级的执行能力，而这些都远远超出了绝大多数孤独症谱系儿童的能力。还是去别处找答案把，你孩子的问题绝不在这里。

现在我们既然知道了"不会"是导致我们孩子的行为的重要因素，那么接下来该做的，就是调转枪口，对准我们自己，因为"不会"这个词是一把双刃剑。当你在用"不会"这个词的时候，一方面你站在孩子的角度理解了他，但另一方面，你自己会怎样面对"不会"这个状态呢？你，作为一个"我会"的成年人，不该因为孩子的"不会"而放弃自己的努力。正如我们前面做出的解读，"不会"所反映的是知识、能力以及机会的缺乏。我当然知道孤独症谱系孩子会有一个极为缓慢、极为艰苦的学习过程，但在这里我要更多强调的是，你如何打好你手上的这副牌。"他不会"带给你困难与挑战，带给你不安，但不应该带给你放弃的理由。你对孩子的天资无法选择，可是他的天资仍然给你提供了很多选择。你的孩子将是他的生理特质与周围环境因素的产物，而你是其中最重要的一个环境因素，他从你这里将会得到些什么呢？你是一个勇于担当、敢于说"我能"的家长吗？

很多年以前我曾经遇到过一位爸爸，他习惯于猛烈抨击政府在学校推行免疫接种政策，认定正是由于这个原因才让他的孩子变成了如今这个样子。他叹息道："我不能跟孩子沟通，无法建立起父子关系，我知道他最终可能在监狱里度过余生，我这种感受你能体会吗？"的确，面对所承受的重担，面对破碎的梦想时，他的心里充满了无助与恐惧的感觉。可是，他已经跨出了底线，从"我不能"（没有能力）的自我认识，掉进了"我不愿意"（我的选择是"不"）的自我决定，他只能向后看到那些"本来应该有"的东西，却不去往前看，看那些尚未探求的未来可能。不管疫苗接种是否真的就是造成他儿子现状的罪魁祸首——在本书中我不愿意（我选择"不"）对这个问题做任何争论——它也只不过是一种马后炮式的讨论。他的孩子已经"不能"（在此这个词很适用）倒退回去不接种疫苗了。如果只是以颓败的态度去面对，而不肯再去付出努力积极主动地帮助孩子去实现其全部潜力，那么这位爸爸也就很自然地选择了自我麻痹、自我恐惧和自欺欺人的道路。他的儿子当时8岁，是一个聪明阳光、口齿伶俐的孩子，虽然也表现出具有攻击性、易怒、挫折感强烈的个性——这点倒跟他爸爸很像。如果总是向孩子传递着"不能"的信息，那么它只会在孩子一生的成长中埋下绝望的种子。

我建议这位爸爸试着去重新定义"不能"，你的儿子不能改变他患有孤独症这个事实。孩子不能自己找到一条更好的出路，除非他身边的成年人能够伸手帮助他。

我告诉这位父亲，我知道其实他会拥有比他自己认为的多得多的能力。我问他，我的儿科医生当年也曾这样问过我，谁是这里的成人？谁有能力做出改变？你能吗？在帮助和学习下，你能够成为孩子终生的老师和指导，可你愿意吗？这位父亲未曾给出自己一个答案。

我们成年人用"不能"来掩盖自己的"不愿意"，这只会带来讽刺与悲哀，往往会让我们输掉原本最期待赢取的东西。如果你期待孩子成为一个自信而乐观、充满好奇心并积极参与的孩子，那么你自己就必须树立拥有同样品质的榜样，而且要在孩子身上努力发现并强化这些品质，哪怕是点滴的进步。认真考虑你所扮演的角色，在你与孩子或学生之间的关系上，你应该是一位鼓励者。虽然差别可能非常微小，但是你对孩子的一举一动所做出的反应，对他来说要么是一种认同,要么就是一种谴责。仔细审视一下你所鼓励的到底是什么?你能确定那就是你所希望他以后再次出现的行为吗?当你拿出"我能!"的积极态度时,你的孩子也将积极起来。

如果你发现自己受制于这类想法,诸如"我不能为这孩子提供什么特殊照顾";"我不能把太多的时间花费在为他调整任务或调整环境上";甚至"这孩子就这样了,我不能怎样他了",等等,那么,你就别指望能够看到孩子出现积极的变化。用接连不断的成功,细致周到地为孩子构建起他的世界,哪怕只是很小的成功,它也是一块基石,"不愿意"的想法就可以被这块基石牢牢地镇压住。我们不把这叫作什么特殊疗法,而看作是对孩子真正的尊重和教育,是在引导孩子体会到自己的优势和挑战,帮助他们以不同的方式在这个世界上体验与学习,他们的方式不同于你的,也不同于你所想象的所谓"典型发育的孩子"的。这将引导孩子通过技能建设成长为尽可能独立的人。我们把这称作"正确的方式",是"以孩子为本"的方式。

回想一下当初,你没有生孩子的时候,下班后你还可以去泡泡酒吧,所谓"快乐时光"或"情绪调节时段"。那时候的你只有一个目标:让自己的世界更愉快,更有滋味,或者是放松一下自己忙碌工作一天下来的身体。这其实与现在的情况差不多,你都在有意识地调整自己的精神状态。只不过现在是为了你的孩子。如果你不喜欢这种买醉的比喻,那就换个文绉绉的说法,叫"精力管理":你的时间和精力有多少是用来琢磨那些你因为孩子的孤独症而再也享受不到的东西的?那种状态只能叫作"颓废"。如果你重新定向,鼓足力量去实践、去尝试、去前行,你又会获得多少成就呢?这种状态,才叫"进取",无论对你还是对你孩子。

第四章

我是个具象思维者，只能从字面理解句子

　　如果你说"嘿，你必须悬崖勒马！"这会令我很困惑，不知道你其实是在表示"别再乱窜了"。请不要对我说"这是小菜一碟"，因为我的面前没有一碟菜，你其实应该说："这对你来说非常简单。"如果你说"外面很冷"，我认为你只是在描述一个事实，我不明白你的意思其实是提醒我"今天别穿短裤了，要穿长裤"。不要说"尘埃落定"，我不会明白你这是在说有结果了，我只会迟疑，因为周围并没有尘埃。你可以说"这是一种表达方式"，可这种表达方式对我来说毫无意义。

　　人们说话当中的各种修辞方式都会令我困惑不已。如果你打算教我，我可以去学，而且也一定会掌握这些千奇百怪的成语的意思。但是眼下，我需要你平铺直叙地告诉我你要我做什么，向我清楚地说明你究竟是在谈论周围的什么事。

无论你觉得自己驾驭母语的能力有多好，在孤独症孩子或学生面前，你都会遇到来自他们的严峻挑战。那些大量用来装点我们对话的成语、双关语、借用、引申、隐喻、暗示和讽刺，在他们面前都成了废话，这让你不得不极度小心地来把握自己的词句。英国奥运奖牌获得者道格·拉森（Doug Larson）在谈及自己的口语沟通障碍时，曾经不禁悲伤地总结道："非要说英语对我的意义的话，那我得说灾难（catastrophe）这个词，就是一只猫（cat）趴在一个省略号（apostrophe）上。"

孤独症孩子的思维非常具体，他们的图像视觉优先，联想能力不足（虽然有时也会很惊人），可是他们绝大多数人的词汇量又很有限，那些我们习以为常的成语和比喻修辞，可以给我们带来生动的画面，但带给他们的却只是困惑与不解，例如"热锅上的蚂蚁""胸口有只小鹿在乱撞""一团乱麻""喉咙里灌了铅"……对孤独症孩子使用这些说法，就如同逼着他们去开碰碰车（瞧，我这句话就是一个比喻，意思是说他们会被搞得晕头转向）。

孤独症孩子对语言的理解，只是植根于日常生活中最常用的字面意思。比如，当我们告诉他"天上下猫狗雨啦"（it's raining cats and dogs），我们的意思是说雨太大了，这个英语俚语据说源自17或18世纪英国的一场暴雨洪灾，那场暴雨过后，街头遍布淹死的猫狗，就好像它们是从天上下雨落下来的。可要是面对孤独症孩子你说出了这个俚语，那我敢肯定，他脑海中的画面还真的会如字面描述的那样。一个小男孩就曾焦虑地问道："猫狗在哪儿？只有雨水落下啊！"而另一个孩子会在大雨中观望并推测说："它们应该都掉在了地上吧。"如果孩子碰巧听到你说"狗咬狗！""眉毛胡子一把抓！""千杯不醉"，那么好了，你给他带来的困惑"够你喝一壶的了"。

> 你本来做梦也不会用外语向孩子发指令，可就在你使用母语时，孩子感觉你像在说外语。

你本来做梦也不会用外语向孩子发指令，可就在你使用母语时，孩子感觉你像在说外语。互联网上曾有一个很受欢迎的关于英语语言的段子:"茄子(eggplant)里面没有蛋(egg),菠萝(pineapple)里面没有苹果(apple)也没有松树(pine),豚鼠(guniea pig)既不是来自几内亚(Guniea),也不是猪(pig)。如果牙齿(tooth)的复数是'teeth',为什么货摊(booth)的复数不是'beeth'?既然鹅(goose)的复数是'geese',怎么麋鹿(moose)的复数不是'meese'?既然老师(teacher)教学的动词过去式为'taught',可为什么传教士(preacher)传教的动词过去式不是'praught'呢?我们怎么能说鼻子跑(nose run,实际是指流鼻涕),或说脚有味儿(feet smell,实际指脚臭)呢?怎么瘦机会(slim chance)和胖机会(fat chance)都表示希望渺茫呢?说人聪明用'wise man',可'wise guy'却相反,是指一个人自以为聪明实际很笨呢?"

这种语言文字上的困惑多着呢,再比如那些英文里的同形异义,一会儿用作名词,一会儿用作动词,例如:护士用纱布包扎伤口(The nurse wound gauze around the wound.);农场生产出产品(Farms produce produce.);鸽子飞入了树林(The birds scattered, and the dove dove into the woods.);请你走近窗口时关上它(When you get close to the window, close it.);领我去铅管那里(Lead me to the lead pipe.);去给那个波兰人擦桌子(Go polish the Polish table.);你能在风中调你的手表吗?(Can you wind your watch in the wind?)

与这样只从字面上理解语言的孤独症孩子进行沟通,非常需要我们放缓节奏,调整好自己的措辞。也许我们更应该让自己先好好学习一下,而不是急着让孩子去学习。随着时间的推移,随着教育的深入,孩子会逐步成熟起来,有这种具象思维的孩子,也会慢慢积累起足够的能力,在一定程度上渐渐地对一些成语和其他一些绕弯子的表述越来越熟悉的。但是在孩子还小的时候,他面对的语言挑战太多了,我们就不必在他众多的语言困惑中再添乱了。像下面所列的,就是一些值得注意的常见问题。

成语与俗语

不要说	要说
你是我的掌上明珠。 （You are the apple of my eye.）	我非常爱你。 （I love you very much.）
我怒发冲冠。 （I'm at the end of my rope.）	我生气了。 （I'm getting angry.）
捋捋舌头再说话吧。 （Bite your tongue.）	别跟我这样说话。 （Don't speak to me like that.）
今天到这儿，就算过去了。 （Let's call it a day.）	我们现在结束吧。 （It's time to stop for now.）
我的猫鼻子好像闻到老鼠的味道。 （I smell a rat.）	我觉得哪儿有点儿不对。 （This doesn't seem right to me.）

指示不够明确

要精确地表达你的意思，不要让孩子从含糊的指示中自己去猜答案。

不要说	要说
挂在那儿吧。 （Hang it over there.）	把你的衣服挂在门后的衣钩上。 （Hang your coat on the hook by the door.）
别上街。 （Stay out of the street.）	你骑自行车到小路尽头时就停下来。 （Stop your bike at the end of the driveway.）
别乱踢腾了。 （Quit kicking.）	把脚放在桌子下。 （Keep your feet under your desk.）
走吧。 （Let's get going.）	我们现在要回家去啦。 （We're going home now.）

推理

与前面说的指示含糊类似，如果给出一个条件指望孤独症孩子去推理，到了他那里，却只意味着他听到了一个事实的描述而已。不要让孩子去猜，直接明确地说出你希望他做的。

不要说	要说
你的房间一团糟。 (Your room's a mess.)	把你的衣服都挂好。 (Hang up your clothes.)
你没交作业。 (You didn't turn your homework in.)	把你的作业本放到我的桌上来。 (Put your book report on my desk.)
我可不喜欢听这些噪声。 (I don't like that noise.)	把电视机的音量调小点儿。 (Turn down the sound on the TV.)

动词短语

英文中的动词短语用一个动词与介词或副词构成某种常见的表达短语，相当于成语，可其意思对于这些孩子来说太容易造成困惑了。

不要说	要说
我们很仰视他。 (We look up to him.)	我们很尊敬他，他是个好榜样。 (We admire him; he sets a good example.)
汽车歇菜了。 (The car is acting up.)	汽车哪里出了毛病。 [The car (or part of the car) is not working right.]
杰米从教室里被踢了出去。 (Jamie got kicked out of class.)	老师把杰米叫去校长那里谈话了。 (The teacher sent Jamie to talk with the principal.)

我们读过、听过、谈论过大量关于"孤独症意识"方面的话题。在这些话题中，往往最需要急切普及并且警钟长鸣的，恰恰是我们自己的意识。绕弯子方式的语言运用在我们的交际中非常普遍而且根深蒂固。除了我上面举出来的那些例子外，还有很多绕弯子的修辞方法，比如暗示（"他是一个小号的爱因斯坦！"），夸张（"我要睡上一年"），讽刺（"像黄鼠狼一样友好"），拟人（"风对树低声地说"），提喻（用局部代指整体，如我们直接称汽车为"轮子"，或称工人为"人手"），等等。

在与孤独症相关群体的聚会中，我发言时会要求听众做两件与这一意识相关的事。第一件，如果他们发现我在使用绕弯子式的语言时就马上举手，因为我在这方面的意识比一般人也就稍微好一点，我被打断的次数越多，就越能说明我的观点。第二件，我会给他们布置一个家庭作业，即在 24 小时内，记录下他们听到的或者自己使用的每一个绕弯子的语言。你可以自己试试看，数量会让你惊讶的。

> 我们一天之中会有很多时候说话太过含糊，那些话对于孤独症孩子来说，是多么不合逻辑的啊。

那么现在你能看出些端倪了吧，知道我们自己一天之中会有很多时候说话太过含糊，那些话对于孤独症孩子来说，是多么不合乎逻辑啊。你跟孩子说"等我两分钟！"却在五分钟之后才回来，发现他等不及已经走掉了。那一刻，你就能更深刻地理解我前面所讲的了。

而当我们在闲聊天乱吹牛的时候，要指望孤独症孩子能够跟上我们的话题，表现出普通少年之间那种闲扯对话的理解能力，这是不可能的。"我俩本来好好地相互聊着逗着，我，你是知道我的，我可没把他怎么着，他却偏偏急眼了，切！就像我多怕他似的！爱谁谁吧，我欠他的？可他实在太欠揍！那德行！他像要把我吃了似的！"你瞧，家长和老师们，要求孤独症孩子身边的小伙伴在讲话时，尽可能地使用便于理解的语言，这可不是一件可有可无的小事啊！前面那句引号中的话，如果简单翻译成标准的话语，大致是："我不想再搭理杰克了，我俩之间都相互说了不少坏话。"有部老电影《飞机》中曾经有过一幕类似的经典场景，主人公说："抱歉，小姐，我说的是土话。"虽然英语是你的母语，可英语中的各种方言、土语和口音也难免令你困惑不堪，那么，再想想你的孤独症孩子吧，那些俗语土话必然会令他们望而生畏。

我儿子布莱斯不得不在语言方面苦苦挣扎，这对我来说，真有点儿讽刺。我的大学文凭拿的是科学学士学位，专业可是语言沟通！我家车库的架子顶层一个箱子里，至今还珍藏着已经有点儿生锈的、我高中时荣获的辩论大赛的奖杯。没错，我可以算是一个经过认证的侃爷了。我来自一个有着悠久传统的、爱耍笔杆子的、爱激扬文字的家庭，一直畅游在文字游戏中。可如今，我只能沿着一条崭新的学习曲线向前探索了，首先，我必须得承认孩子在语言上缺乏能力或兴趣，其次，我得清醒地认识到，如果想要与孩子建立起有意义的沟通（我当然想），那我就必须对自己的表达方式做彻底的调整。我必须在说话之前打好腹稿，我需要仔细挑选词汇、语气和音调。如果我不这样做，那他就会把我的话当作耳旁风，尽管他表现得不厌不烦，却分明就当我不在身边。

这种不搭理父母的表现，可不是像普通孩子那样只在青春期才会出现，我们的孩子很小就会出现。

你需要编辑自己的那些绕弯子语言，用孩子习惯的方式与他开展沟通练习。这会是件很累人的事，有时甚至会让你掉入沮丧之中，感觉徒劳，怀疑这样的"特殊训练"是否真的必要。但是，请记住，如果让孩子来适应你，去理解你的那些无意义的话，他会感觉更累、更沮丧。孤独症谱系的孩子在各自不同的程度上能够掌握相应水平的绕弯子式的语言。

以适合孩子的路数，与他多多练习沟通，这也是在为青春期做准备，到了那时候，你受孤独症影响的孩子也将遇到普通孩子同样的阶段性情况，他会与你出现交流上的冲突。从现在就开始准备吧，仔细聆听孩子跟你说的每一句话，包括那些非口语的表达。在他与你说话的时候，在你回答他的问题的时候，或者当他做出某种交流的尝试时，你的眼睛都要看着他。（如果他未做出反应，那就是在告诉你，你的信息发送失败了。请再尝试其他方式吧！）

当你听到或说出某个成语或其他绕弯子式的表达，并将它改换成孩子能够听懂的具体化的语言，这时候你就是在教学，尽管这种教学有时看上去很奇怪，因为有些俗语表面上在说一件事，但其实是在说截然不同的另一个意思。我承认这看起来很傻，但有时也很有趣。有些孤独症孩子很喜欢专门搜集这类听到和学到的成语。我认识不止一个这样的孩子，他们痴迷的就是成语。

我们需要努力使用更为具体的词句来打造与孩子沟通的平台，在这个过程中，孩子会乖巧而无保留地为你指引方向，帮你走上正轨。布莱斯很小的时候，他的那种超级字面化的具体思维过程常常让我迷惑不解。一天，我发现他在浴缸里摆放了一个迈克尔·乔丹做上篮动作的人偶，并往上面倒了一瓶丹麦果园牌的草莓果酱。我费力琢磨也百思不得其解，最后不得不问他："这是什么呀？"布莱斯回答道："太空果酱。"哦，我们刚刚看过这部《太空大灌篮》(Space Jam)的电影。看着黏稠的红色果酱顺着排水沟流下，我实在想不出一个合适的回应，什么都没说。我很明智地只是点了点头就走开了。后来，布莱斯学会接电话，这让我们全家都高兴坏了。我母亲虽然是一位充分了解孤独症的医学专业人员，但她每次与布莱斯通电话时几乎总会把自己搞得很狼狈。她在电话里问："嗨，布莱斯，你干什么呢？"布莱斯答道："哦，奶奶，我正在跟你打电话。"我们随后努力学习如何提出更为具体的问题才能引导他打电话时谈论恰当的内容。比如，你今天学校的科学课上做了什么活动？你打算这个星期六干什么？这个星期你在读哪本书？直至今日，每当我发现自己说了绕弯子的成语时，我都会停下来检查一下，看看他是不是明白我刚才讲的意思。如今，作为一个成年人的布莱斯，他已经学会并能够使用许多成语和其他修辞说法了，就算他不明白某个特定表达的意思时，他也可以根据语境和上下文判断出这是一种绕弯子的说法。

但我永远不会忘记自己曾经犯过的最愚蠢的失误，这个失误令我反省，让我看清楚了，此类大大小小的错误非常容易犯，即便我们一副好心，但上下嘴皮一碰就可能不小心出错，同时我还看到，我们的孩子有的时候是能够很好地让我们知道他的困惑的。

那是在布莱斯7岁时的某个晚上，我和他就一件小事产生了分歧，而且无法沟通，这使得我们俩都精疲力竭。我提出了一个又一个的解决方案，但没有一个被他接受。他就是"咬住不松口"（固执己见），我们俩都很沮丧，脑门冒汗，接近绝望。最后，凭着爱心，还有一点点制造惊喜的小把戏，我在睡觉前终于成功地化解了僵局。那天晚上我俩都美美地睡了一觉。

第二天早上，我们坐在阳光明媚的早餐桌前，我告诉他，他应该永远相信我，相信我会诚实待他，做的一切都是在维护他的最佳利益。就算在解决问题时给他带来了不快，但我们总能找到一个适合他的有效办法。然后，我告诉他，我很敬佩他这种不屈不挠的精神，他能坚持自己的想法，能顶住压力不让步，这需要力量和勇气。"你能锲而不舍，"我说，"这是好事。"话一出口，我就后悔地意识到自己又在玩成语了。

　　"我可不想锲而不舍！"他好像又要哭了。

　　然后，他问道："是'气得不说'吗？"

第五章

请聆听我的各种沟通方式

当我缺乏途径描述自己的想法和感受时，我就很难告诉你我想要什么。有可能我饿了，也可能我受挫、感到害怕或者陷入了困惑中，可当时我又找不到合适的词语向你讲清楚。你应该对我的肢体语言、退缩的举动、焦虑的表现或者其他各种信号保持警觉。一旦察觉到这些，你就能知道一定有什么事情不对头了。

还有，当我找不到合适的词句时，我可能会背诵那些我从电影、视频、书籍或者其他人交谈中听来的某个单词甚至整段台词。这些话有时可能远超出了我的实际发育年龄，而我其实很可能并不完全理解自己说的这些词句的含义。我只知道用这样的"非常规"语言可以成功地脱身，可以应付你非要我用"常规方式"答复的窘困。

"艺术，可不是能够一蹴而就的！"

布莱斯用他那深邃的蓝眼睛望向自己的一年级老师，然后讲出了上面这句很有哲学味道的话。当时，这位老师正在匆忙督促全班同学清理好各自的图画用具："快快快！马上要上音乐课啦！把画笔刷子放到水槽里去，然后到门口排好队！我们就要出发了！"而布莱斯那时则刚刚惊喜地发现将橙色和绿色颜料混合在一起就会神奇地变出棕色，正好可以用来临摹凡·高的《向日葵》，因而他很不乐意听从老师的催促。那个老师一见到我就迫不及待地把布莱斯图画课上的这句话复述给我，因为她也觉得"他当然说得太贴切了"。

不过，老师并不知道，布莱斯的这句回应，完完全全出自《玩具总动员2》中的一句台词（包括用词、音调和语速），他有着惊人的语言延迟模仿能力，这种能力又被称为"回声式语言"，也就是大段地重复之前自己听到的话。

当他无法从自己有限的词汇中找到合适的语句时，他就会从储存在自己大脑硬盘上的电影百科全书中快速地启动检索功能，找到什么来做出回应。

回声式语言（echolalia）在孤独症孩子中是很常见的一种行为，它可以是即时的（孩子立刻回声式地重复刚听到的话），也可以是延迟性的（孩子重复先前听到的话，可能是不久前的，也可能是很久以前的），甚至还可以是复读机式的（孩子会一遍又一遍地反复地说着某句话或者问着某个问题）。很多家长，包括我在内，都曾经被这种回声式的语言搞得不胜其烦，甚至心存恐惧，因为这种语言无法让孩子与我们、与这个世界进行有效的沟通，妨碍他们自由地交换信息和情感。

在"艺术拒绝匆促"的事件发生时，布莱斯百分之九十的语言都是这类延迟式回声语言。不过他运用得还算巧妙，除了我们家人，在很多情况下其他人甚至还察觉不到。可我还是打算尽一切努力消灭他的这种行为——深陷同样困境的家长们也和我一样，都会有这样的心愿。然而，虽然这心愿可以理解，但是其方向却是错的。由于这种语言不是主动自发的，所以它很可能会造成"沟通结果很失败"（这是1967年的电影《铁窗喋血》里的一句台词，我在此正好用上）。回声式语言往往与当时的情境不搭界，但其实，它与孩子的思维是相符的。孤独症孩子的思维很跳跃，可能早就跳开三四步了而让你跟不上，留给你的只有一个谜。而这个谜，正是需要你去努力解开的。

尽管回声式语言总是令家长耿耿于怀，可这也只不过是语言发展中的一个方面而已。我们很想根除它。我作为一位母亲，心情当然跟你一样，迫切地希望孩子说出的每句话都是"正常的"，急切地想要清除自己孩子身上的任何与众不同的表现。可就算再迫切，我们也绝不能忽视一个实实在在的问题，那就是他需要有能够表达自己的方式，尽管他尚未掌握最基本的词汇，也还缺乏熟练的语言技巧，但是他也需要告诉你他的需求、恐惧和想法。

当你读完本章时，哪怕其他都没学到，你也应该明白一点：拥有一种有效的沟通方法，无论是怎样的方法，对于所有孩子，特别是对于孤独症孩子，是至关重要的。如果你的孩子无法让自己的需求获得满足，无法让自己的恐惧得到安抚，那么她和你只能身处悲惨之境。若缺乏有效的沟通，你只能眼睁睁地看着她出现因沮丧和恐惧而导致的问题行为，那些问题行为将成为她唯一可采取的举动，她其实是在试图以此向你表示，她正处于原本不该面临的困境中。不论她采用何种沟通方式，只要她能够顺畅地把自己的悲喜状况与人进行交流，而你也乐于听且能够听懂，那么，她就能够建立起对沟通的全方位理解，包括对那些语言之外的沟通技巧的理解。

普通孩子最早期的语言也同样只是些最为简单而浅显的单词或短语。大人最初会教孩子说"妈妈""狗狗"，随后教他说"要喝果汁""我可以玩吗？""我爱你"。但是，你注意到这些简单的语言背后蕴藏着多少精妙的机制吗？说话，仅体现发出语音的生理能力，这只不过是语言最开始的部分，而语言，则需要将词汇按一定顺序组合在一起，并以此向他人传达出某个意思。单靠语言本身，也并不能构成对话（对话是指运用口语和非口语的沟通方式与他人建立的社交连接）。在婴儿期，孩子就会通过一些你能明白的非语言途径提

> 拥有一种有效的沟通方法，无论是怎样的方法，对于所有孩子，特别是对于孤独症孩子，是至关重要的。

出自己的需求。大多数幼儿不久会逐渐发展出喃喃儿语，进而会把单字串联出词组和句子。再长大一些，他们的语言就不仅限于用名词来命名物品，用形容词来描述感觉，用动词来描述行动了，孩子将逐渐学会将语言作为表达自己思想和情绪的一种工具，用它来与其他人开展社交互动。语言的社交运用，在专业上被称作"语用"，它是指将词语、手势、表情和社交理解等协同在一起加以运用的社交沟通，我们在人际交往过程中往往是下意识地、本能地协同运用这些工具。可是你的孩子却在其发育时间轴的某个点上，被孤独症所阻碍，使得孩子对这些协同社交工具的理解出现问题，无法与我们沟通。在第八章里，我们会进一步探讨关于对话的社交功能，讨论词语之外的那些所有能够帮助我们开展沟通的方方面面。

我永远都不会忘记布莱斯早年所遇到的那些语言困难，那曾经带给他诸多的社交障碍，影响了他的情绪健康，也妨碍了他的认知学习。幸运的是，两件事的发生抚平了我心中的焦虑，将我拉回到正确的轨道上，帮助布莱斯遵循他自己的发育轨迹和步伐节奏，顺利通过这个回声式语言的阶段。其中的一件事是，我当时读到了一位20岁孤独症青年写的文章，他已经顺利地完成了他的四年大学本科学业，他在文章中说，自己至今仍会在每日的社交沟通中运用回声式语言，只不过别人都未能察觉而已。我读了不禁叹道：哦，也许在这个问题上，我的那些紧张和焦虑根本就不值当。

我曾向学区内的一位孤独症专家求助，她给了我极富智慧、令我牢记的意见："我很清楚你想彻底将它清除，可是，千万别这样去做。不要总是围着这个问题较劲，你应该带着这个问题努力向前走。我担保布莱斯不会永远这样，但是，要给他时间，他需要时间来战胜它。"

在她的建议和鼓励下，我退后了一步，开始留意观察我儿子以及与其类似的同学，看他们在一些场合下是如何将回声式语言应用在一些有效互动中的。例如，他们可以用在这些情况中：

- 交互式对话，在知道对方需要他回复时给出回应。

- 提出需求，可能是想要某件实物或者想要获得某人的关注。
- 提供信息或意见。
- 抗议或拒绝别人给他的要求。
- 给出指示。
- 命名某件物品、活动或地方。

我当时还不了解"格式塔"这个词的含义，这是一个德语词汇，意思是完全的、整个的。布莱斯就是一个"格式塔学习者"。这类学习者是以整体的形式来获得个体体验的，而不能顾及其中的细节组件。很多孤独症孩子在学习语言时就是这种方式，他们整句地学习，而不会将句子中的单词作为学习单位。与"格式塔"方式相反，另一个极端是一个字一个字地学习，这种方式我们叫作"解析式"。普通孩子在学习语言过程中似乎采用"解析方式"要多于"格式塔方式"。其实，在很多孤独症孩子那里，特别是阿斯伯格综合征孩子，他们多是"解析式"的学习者，他们能够更为轻易地掌握独立的单词的含义。事实上，无论是"解析式"学习还是"格式塔式"学习，这两种学习模式都是完全正常且普遍的。

专业的语言治疗师能够引导孩子度过这个回声式语言沟通的发育阶段，他们会帮助孩子将"格式塔式"语言拆分成小片，再将小片的语言组合成为自主的表达。每个孩子都有着自己独特的反应模式。不存在绝对的时间进度表，孩子有时候甚至可能看上去还像是在退步。假如孩子在背剧本台词时能够口吐莲花、滔滔不绝，而在学习用自己的词汇造句并进行简单对话时却显得很笨拙，请你不要以为这太过幼稚，其实，这才是健康的语言发展过程。需要牢牢记住的是，词句发声只是语言发育的一部分。理解所说的内容、背景、微妙用词以及那些烧脑的修辞才是语言运用上更重的任务。不幸的是，在学校环境的很多沟通场合，人们都是假定所有孩子统统拥有一个基本的社交大脑，会自然地解读那些复杂语言的方方面面。可是在孤独症孩子身上却完全不是这么回事，他们就算跨过了词句发声的这道坎，但如果缺乏来自家长和专业人士具体而持续的指导，那他们依然会在语言问题上苦苦地继续挣扎下去。

布莱斯上四年级时，参加了每三年一测的国家标准化测试，结果表明他的词汇量严重缺乏。这让我非常震惊。因为他4岁时就能说三个单词构成的成语了，6岁时，他百分之九十的语言都可以是仿说来的长句了，10岁时，我还曾经惊讶于他的口语用词，欣赏过他当众讲话时的用词呢！于是，我要求看看测试的试题，结果发现，他测试中出问题的地方竟然包括"不认识单词'仙人掌'和'小提琴'"。这实在太令我恼火了。这两个词所代表的物品是他日常生活中极少甚至从未遇到过的，也从未在书中或电影中遇到。而他根据上下文内容，已经确认出仙人掌是一种"沙漠植物"，小提琴是一种"乐器"。尽管我对这个测试很有意见，但从中我还是真切地意识到一些问题，审视平日里我是怎么倾听他和回应他的，当他说出那些有违标准语言规则的话时，我会自然而然地先自己解码，无论是他自发式的主动语言，还是他重复台词的和回声式的语言。我不想在与他会话时浪费过多的时间去纠正他的语法和句型错误，所以我只是自顾在脑海里将他的语言进行了即时翻译，这样有利于维持与他不间断的思想交流。

从某种意义上说，我这么做很正确，因为我这样是在向他证明沟通的效用，证明他的自我表达有价值。但是，我还是将这次测试的结果视为一个警钟，警示我需要在日常生活中向他灌输更为丰富的语言，并在口语和书面语中考察他的理解能力。例如，我们俩一起读书时遇到了这样一段故事描写："他抢下了她握着的手包。"布莱斯此时看上去很茫然，于是我停了下来，讲解单词"抢下""握着"和"手包"。"哦，"布莱斯生气地说，"他偷走了她的钱包。为什么不这么说呢？"这下机会来了，我们就可以开始关于词语的讨论了，就像同一种颜色可以有很多种花纹组合，我们变换用语就可以让故事变得更为生动多彩。接下来，我们玩得很开心，变换着用各种长句和滑稽表达组合来描写"大"：高大、巨大、硕大、宏大、极大、广大、庞大，等等。这就是我们俩的灯下阅读时间。在此之前，他对于单词从未想过用这种方式去理解，而我也从未想过用这种方式去教他这么做。

　　这充分验证了当年布莱斯的语言治疗师曾经给我们的首要建议：我们须努力在周围为他维持出一个丰富的语言环境。如果一个孩子不经常与说话的人相接触，那他的语言发育就会慢很多。尤其是如果你的孩子总是待在相对封闭的特殊教育机构里的话，他就更难有机会接触那些普通孩子的童言童语了。在为孩子使用视觉支持的同时，也须辅以大量的语言（关于这点我们会在第六章专门讨论），我们要让孩子被包围在字词和语句的环境里。我们可以有无数种方法来实现这个目标：

- 把你头脑里的想法说出来，把你正在做的和为什么那么做的原因都讲出来。
- 珍视你孩子跟你的每一次讲话，或他用其他方式与你进行的每一次沟通，无论你是否理解他所要表达的意思。
- 给他读书。
- 给他讲故事。
- 给他唱歌。唱歌就是另一种形式的说话，因此，如果你孩子学习唱歌比较容易的话，那就充分借助这种力量来提高他的语言技能。你可以讲解歌中出现的他还不懂的新词。
- 在读书或唱歌过程中，将有意义的词语和无意义的词语区分出来。

　　要求孩子对你立刻就做出口语回应，或者强求他开展一场对话，这样做对孩子来说压力太大，因此，很需要先做好口语交流上的各种细节的调节工作，帮助他在练习过程中减少焦虑。你可以试一试"两个两分钟"的策略：说你想让他讲讲今天在学校里的事，或者讲讲他最喜爱的玩具或书、狗等他感兴趣的话题。如果他愿意，就先给他两分钟时间来整理自己的想法，然后再花两分钟的时间看着他，听他讲，并给予回应。在家交谈时，要学会暂停，等待他的回应。大多数的家庭在聊天和互相逗乐的时候，节奏会很快，孤独症孩子是无法跟上的。要放慢交谈的速度，留出更多的机会让孩子能参与进来，要多留出几秒钟的时间，等待他做出反应。

"说出来。"你很迫切地希望孩子开展起口语沟通，可你经常如此下令提示他去做，这种提示过程又起到了怎样的作用？第一天，你也许都是鼓励和诱哄；第二天你可能就带着点儿威逼和失望了；第三天，你兴许就感到厌烦和沮丧了。你孩子所掌握的词汇有可能根本不足以表达他的需求、想法和思想。她也许学过某个词，但若要她真正会应用这个词，却还需要有更深的理解与更多的技巧。也许有一天她终能清晰地阐述自己的思想和感受，但是在那之前，她必须战胜自己的感知觉问题，否则的话，在你的硬性要求下，她只会精疲力竭。你能理解被迫执行多项任务时的那种焦虑感受吗？你孩子或学生所面对的任务之一，就是学会自我调节，以应对多方面的感知觉过敏或迟钝带来的困扰，她需要阻断或中和周围不断涌来的那些视觉和听觉刺激，需要学会运用社交观察和社交解读来应对问题，明白自己面对什么、说什么和做什么，进而再发声。"说出来"可以作为一个前进目标，因为从各种文化角度来看，讲话都是最方便的，可以独立地在任何地方、任何时候使用的全天候沟通工具。但是，在通往目标的途中，还有很多台阶要迈，我们在这个过程中不得不清晰地意识到：所有的孩子都在试图进行沟通，无论他们传递信息的方式如何。

要承认并接受这一点：那些不说话、只通过行为甚至沉默进行的表达，也蕴含着丰富的沟通信息。任何人在生活中都会有"不知该说什么好"的时刻。因此，即使孩子可以说话，我们也应该尊重她的行为语言，在那个特定的时刻，那可能是她唯一能够采用的沟通方式。同样的，孩子的沉默也可以是一种有力的沟通方式。想想我们是不是就因为孩子沉默不语、不能用我们期待的语言和方式答复我们，而经常沮丧甚至气急败坏地命令孩子"回答我！"。当孩子以沉默作答时，我们应该考虑她有可能在心中有很多想法，只是此时无法表达，比如：

- 我不明白你的意思，请换一种方式。
- 你的话伤害了我。
- 你让我很生气。
- 我没有什么可回应的。
- 你错怪了我。
- 你教过我的，不理睬那些对我说话不尊重的人。

用你孩子习惯的方式开展与她的沟通练习，这是在为青春期而做的准备，到了那时候，你的孩子与你相处的行为模式中，除了孤独症带来的影响之外，还将有典型的青春期效应。从现在起，就要认真聆听孩子想要告诉你的一切东西，无论她以何种方式来告诉你。当她说话时，或者以其他方式与你沟通时，你要看着她，并且每次都要用对她有意义的方式回应她。建立这种双向互惠的交流（她听你说，你听她说），让孩子确信自己信息的价值，无论这个信息是什么，也不管信息是如何传送的。孩子的这种自信将激发她的动力，让她从刻板的应答发展出主动的回应，进而上升到有逻辑、有思想的对话，这可是所有有语言障碍的孩子的家长与老师最为期盼的。

在投入了大量心血，帮助孩子找到自己的语言之后，你也许会发现自己掉进了本世纪特有的那种充满讽刺意味的境地。现如今，科技进步与文化变革带来的人际隔离，使得我们一旦未能给予持续的关注，丰富的语言环境就会不复存在。即使我们的孩子拥有了说话的能力，要想让他们学会在各种场合中都能够开展相互对话，仍然极为困难。掌握任何一项技能的最根本的学习方法就是练习、练习、再练习。在一个普普通通的上午，埋头于工作中的我突然意识到了一个令我伤感的问题，带着刺痛和忧虑，我明白了为什么相互对话对我们的孩子来说永远是个难点：如今我们即便在自己生活的社区里，人与人之间也不再有多少交谈的机会了。我现在在这个早晨的状态就是个有力的证明。我是从自动取款机那里取出的现金，未曾与银行柜台的服务员谈过话；我在超市通过扫描商品条码结了账，与收银员未曾对话；我去自动化的邮政中心寄出了我的包裹，也未曾与邮递员对话；我至少做了五六件事情而未曾说过话，而这些事在不久以前还全都需要通过人际沟通才能完成。《华尔街日报》的出版商莱斯·辛顿（Les Hinton）曾经说过，"21世纪最缺乏的资源，除了水与食物之外，就是人们之间的相互关注了"。

一个语言丰富的环境？算了吧！更多的时候，我们处于一片语言匮乏的不毛之地。

自动化、电子通信和移动社交媒体在我们的文化当中有着合理而稳固的地位。但是，既然我们看重对话，看重人际交流带来的乐趣与功效，那我们就必须教孩子，通过我们的言传身教，从电脑、平板和手机屏幕中走出来，练习与人面对面地交谈。关于如何营造一个语言丰富的环境，语言治疗师传授给我们的经验来自那个语言运用还没有被电子产品所挤占的时代，所谓"对话"，既有声音的抑扬顿挫，又有表情和肢体语言的千变万化，就好比现在的视频通话，只是没有电子屏幕。我和我丈夫预想过很多种可能的青春期亲子冲突，可我们做梦也没想到自己会被视作"反文化"分子，因为我们希望我们的孩子能与同类进行对话。

我们的孩子终归要与社区里的其他人进行交谈，因为有些人际交往不可能全被电子屏幕所取代，例如医生、牙医、公共汽车司机、理发师、飞机乘务员、警察、消防人员、牧师、救生员、钢琴老师、体育教练、律师、法官等，与他们打交道都必须当面交谈。这些交谈都能够实现，只要我们帮助孩子，基于他们目前的能力，逐步提高他们的表达水平，教给他们在不同场合下传递自己需求、想法、感受和思想的各种方法。到那时，我们将打开一扇大门，他们就不再把对话视为艰难的战斗，而将它当作同类伙伴之间的关爱体验，他们也就能到达心灵真正相通的彼岸。

第六章
来张图片吧，我视觉优先！

  与其告诉我怎么做，不如演示给我看，而且有可能还需要你用多种不同的形式来向我反复演示。

  图片、表格、时间表、提醒以及其他视觉化的说明可以帮助我从早到晚平稳地过好每一天，这些视觉支持会减少我的压力，因为我无须记住每一件将要发生的事。我能看得到的这些提示，它们会让我知道自己该做什么，什么时候做，可以帮助我的大脑保持一种有序的状态，令我保持冷静。进而我就能平顺地从一项任务转换到下一项任务，而且会如你期待的那样做得更好。

  我需要看着图像来学习，因为口语对我来说就如同蒸汽，还没等我好好理解它们，它们就一晃而过地飘走了。请你为我提供视觉信息指导，它们会一直在那里，一旦有需要我就能去查看，而且每次查看时，它们都能保持一致性。

我最欣赏的勇敢女孩是影片《窈窕淑女》中的伊丽莎·杜利特尔（Eliza Doolittle），在影片的剧情中，她参加了一项语言改造实验。她方方面面都表现得完美动人，而最打动我的，莫过于她在责怪自己的爱人时所唱出的那首歌《给我看》(Show Me)。她唱道："讲究用词、讲究用词、讲究用词！我已经厌烦了讲究用词。别再浪费我的时间了，做给我看吧！"

我想，很多孤独症孩子将会为她的这段表白大声欢呼的！

视觉提示并不是什么新鲜玩意儿，也不是什么"特殊神器"。如果你的办公桌上或者办公室墙上有一份日程表或者计划手册或者任务清单的话（可以是电子版的，也可以是纸质版本的），那么你就是在应用视觉提示。你可能每天都会用到的应用程序、地图、菜单、镜子、视频、相机和手表，这些其实都是视觉支持的应用。手语——我曾经听到人们管这叫"用手交谈"——就是一种高度发展的视觉沟通方法，它包括面部表情和肢体语言，其运用的方式与口语类似，也会有类似于口语中语音、语调的变化，用以强调表达意思。信号兵会使用旗语信号进行远距离的信息传递，这个过程不需要单词和字母。在棒球比赛中，你会看到三垒上的队员在做着摩擦前臂、抓扣腰带和拍打胸部等动作，他那可不是在表演电影《金刚》里的大猩猩，他是在与跑垒队友做无声的交谈，通知他原地别动，等待时机。所有这些，都是人们相互之间以非口语的形式实现有效沟通的现实例子。

你的孩子或学生有可能特别需要这种视觉提示。很多孤独症人士都用图像来思维，而非单纯依靠词汇。他们首要的语言是图像，不是口语。一个孩子可能极少出现口语表达，可是我们就因此而自以为是地觉得或者简单无知地认为他没有思想、没有偏好、没有主见和信念吗？只因为没听到他把这些说出来吗？假如一棵树在森林里倒下，周围没有人听见，难道就说这棵树是悄

> 沟通的能力很重要，无论对你的孩子还是对其他所有人，能够接收、能够表达、能够感觉被人倾听，这些都是关乎健康成长的基础。

无声息地倒下的吗？这种看法当然很荒唐！其实，在你孩子或学生的脑海里，他很可能将自己的生活体验转换为图片信息了。那么，这就是一种语言，与你所用的文字语言一样合理，且理应得到你的接纳，既然想要接近他，想要教育他，那你就需要利用这种有效的方式，才能有效地取得成功。

天宝·格兰丁博士在其所著的《用图像思考：与孤独症共生》①一书中，向全世界昭示了自己的视觉导向的思维模式，她说："我通过图像来思考。文字对我而言，就像另一种语言。不论口语还是书面语，我都会把它们转换成有声彩色视频，然后就像录像带一样在我的头脑里播放。如果有人跟我说话，他的话语就会立刻被转换成图像。要想用文字思维的方式来理解我的情况，那是很难的。"

正如我们在第五章中已经确认的，沟通的能力很重要，无论对你的孩子还是对其他所有人，能够接收、能够表达、能够感觉被人倾听，这些都是关乎健康成长的基础。如果缺乏足够的沟通手段，那么，视觉导向的孩子就会总被我们强迫地塞进一个口语导向的世界中，这就如同将一枚方形的螺钉硬要拧入圆形的螺母中一样，孩子只有被忽视、被排挤、被征服的感觉，那他除了退缩，还能怎么样呢？

设计一个视觉时间表，或者采用其他视觉提示策略，用它来帮助你的孩子进行自我管理，教他依照日程表安排学校生活和家庭生活。根据学校特教团队建议，或者自己通过研究之后，你决定最先采用的一项帮助工具，也许就是这个。为什么呢？因为它：

- 能够为孤独症孩子提供最为重要的结构化和可预知性。孩子知道接下来会发生什么，就可以让他集中精力于当前的任务与活动，而不会让他为后面的何时何地何事的不确定性而感到焦虑。
- 提供了一把标尺，具有一致性的参照信息，让孩子理解事件进程的

---

① 编注：《用图像思考：与孤独症共生》（*Thinking in Pictures: My life with Autism*）中文简体版于2014年由华夏出版社出版。

合理性和逻辑性，从而增加他对规则的安全感。

- 促进孩子在处理棘手问题时采用"首先……然后……"的策略。例如："你先做完这八道算术题，然后你就可以玩五分钟电脑了。"这样，就能增加他对执行任务的动力，而不会让他总是深陷逃避和拖延的状态。

- 提高孩子自主完成任务的能力，有助于平顺衔接、独立地度过任务活动的转换过程。

- 能够帮助孩子克服孤独症常见的特征性的刻板思维和固执僵化。随着孩子独立性的增强，他的信心也会越来越多，你进而就可以在日程表中插进一些有难度的或者有形式变化的活动，或者干脆就用一个有大问号的图片，向他提示有一件惊喜的活动安排。

- 能够帮助孩子锻炼社交技能。日程表中可以列有五分钟的"与同学一起游戏（或者读书）"的任务安排，或者"跟三位同学挥手道再见"的任务。

这一切将能够培养并促进孩子的理解能力，引导他沿着我们所期待的方向前进（只要这种期待合理地考虑到了孩子当前的发展水平）。

视觉化时间表可不能像日历那样千篇一律，尽管都是按照时间顺序编排的，但是，每个日程表在大小、展示形式、便携程度以及日程长度等方面都可以做各种各样的调整。

我们第一次为布莱斯使用视觉时间表时，他刚进学前班，很久之后才有了今天这些方便和便携的电子设备。我们当时使用了一套系统，用简笔画图片来代表各种活动，我们在黑色背景板上为他列出日程安排，将画片粘贴到一些正方形的尼龙搭扣上，那些图片分别代表起床、吃早餐、穿衣服、刷牙、乘坐公共汽车等。我们引导布莱斯使用这套视觉提示系统，教了几天之后，他就可以独立地运用它来完成任务了，但他似乎从来没有对它特别上心过。一年之后，我才发现原来布莱斯对艺术作品并不感兴趣，那些粘贴画片对他的意义很小，他也从来不喜欢玩那些抽象的卡通画玩具。他喜欢的是具体的图像——照片！当我们改用照片来讲解故事或提供指示的时候，他开始变得上心了。

无论是采用电子的、纸质的或者其他媒介，要想成功地构建起视觉交流的平台，首要的一步就是要制订成功的视觉沟通策略，从而确定孩子的"表征能力"处在怎样的水平上。这个术语是说，要确定何种视觉刺激才对孩子最有效。布莱斯需要照片，而别的孩子可能对贴纸、简笔画或者彩色卡片更感兴趣。越是具象思维的孩子也许越是需要从最低处起步，甚至需要使用实物来表征。随着孩子的成长，他的沟通技能也进步了，用来指示活动的表征物也许可以是图片与文字的联合使用，进而也许只需要用文字就可以了（那就是任务清单了）。

随着孩子年龄的增长和技能的提高，逐步提升视觉提示的表述形式，这是视觉支持策略能够成功的一个关键因素，一方面要确保视觉支持对孩子的有效性，另一方面要减少过于幼稚的提示形式可能给他带来的嘲笑和排斥，同时还要考虑孩子跟随信息提示的最佳方式。别以为从左到右是理所当然的，很可能从上到下才更好。专业治疗师会就此帮你做出正确的判断。在视觉时间表里，或者在一张视觉提示页面中，列出多少项目才合适呢？别太贪了，最初阶段你只需列入两至三项任务就可以了。

即便你的孩子很有进步，变得越来越独立，那也不该逐步放弃视觉提示的策略。这种策略应该作为他终身受益的工具，促进他组织管理好自己的时间、增加行为的灵活性和主动性、提高执行力、增强自信心，实现自我满足。曾有人忠告我说，视觉时间表远不止一种形式，用贴纸和条框来帮助布莱斯上幼儿园只是最简单的一种视觉时间表。随着年龄的增长，他的视觉时间表上对活动的描述方式也多了起来，日程安排的复杂程度也越来越高，但渐渐地，那种时间表还是不够用了，越来越不能满足他的各种需求了，也不足以帮助他缓解压力保持平稳了。这也就是为什么如今会有那么多人在以智能手机的日历程序设计为业的原因。偶尔我也会听到有人说，视觉支持对于孤独症孩子来说就是一个"拐杖"。抱歉，这种说法表达的意思就是"我可不打算努力提供这个"。我摘抄一位成年孤独症人士对此的回击："拐杖是一件宝贵的工具，它帮需要它的人保留住了行走的功能，没有它很多人就无法出行。"

布莱斯上中学的最初几周，他身处一个全新的教学楼中，四周是新环境、新老师和新同学，这给他带来了极大的挑战。我们县里有一个深受好评的教育项目——"野外教学基地"，它要求所有六年级的学生都去野外营地生活一周，在那里学习当地的生态课程。这个教学项目棒极了，但对于布莱斯和我，却存在着太多问题。他从未离家到外面住那么久；他的两个监护老师也才认识他不到6周，而其他的营地工作人员根本就不了解他的情况；那里的日常活动需要他遵照完全不熟悉的日程安排；他会遇到未知的天气变化，还必须与不认识的小伙伴们同吃同睡；最可怕的，他也许根本不吃那里的"营地食物"。

虽然学校和营地的工作人员向我保证将提供一切营地居住的方便，可是布莱斯自己不能确定是不是该去。于是我们开车去参观了一趟那个营地，在那里他一直默默地观察着。他仔细看了餐厅，那里也许是最让他深感不适的地方。但是等等，——他突然眼睛亮了，冒出了兴趣的火花！在餐厅门边的墙壁上挂着个一人多高的大日程表：6:45 起床，7:15 升旗，7:30 早餐，10:30 野生动物课，11:15 午餐，12:00 安静休息时间，5:00 晚餐，5:45 音乐课，6:30 篝火晚会，10:30 班会，等等。全天的生活，全在这张表里规整地列出来了。

"有谁能给我一份这个时间表的复印件吗？"他问。

工作人员愉快地为他制作了手掌大小的挂卡，大厨给了我们每餐的食谱，这样他就能够准确地知道自己哪一餐会选择"营地食物"，哪一餐要选择从家里带过去的食物。

布莱斯的老师报告说，带着这两个可以随时查看的视觉时间表，他轻松地入住营地了。视觉时间表为他提供了可预见性，提供了具体的日常安排，那些他不熟悉的、容易引发抗拒的生活方式和生活设施，也因而变得易于管理，且更为轻松愉快。布莱斯为了应对每日清早的例行检查，会认真地整理好自己的住宿床铺。在野营结束时的篝火晚会上,他让老师感动得热泪盈眶,他说自己刚到营地时丝毫没有把握,但事实上,这一周里,他结识了新朋友。一周里,他都穿着同一双袜子,忘了自己书包里准备了另外的五双。他度过了一次典型的户外野营,在这之后,他常常告诉别人那是他在六年级一个学年中,度过的最美好的一段时光。

你一定听到过这种说法:要想让教学有效,你必须被孩子倾听,而图片能够让孤独症孩子倾听得更好。此外,还应该认识到,文字与图片之间的转换就是一种翻译和学习的过程。但是就算孩子是视觉导向的学习者,如果你只是将视觉支持系统展示给他看,他也并不能自动地懂得该如何使用这套系统。你需要教给他如何使用,何时使用,以及为什么使用它。你可能需要放慢自己的沟通步伐,给予充分的时间让这种翻译得以实现。应该给孩子更多的时间来做出响应,如果他尚没反应,也不要总是一遍又一遍地重复相同的指令。请记住《窈窕淑女》中的伊丽莎·杜利特尔的一句台词:"请不要向我解释,给我看!"

你的孩子在视觉提示下能取得成功,也许仍然令你难以释怀,你没准儿会叨叨"真不知道万一没了这样的视觉提示,我们该如何是好"。你的这种担忧也正是你行动的线索,让你更进一步地去防备不测。平时你肯定会备份或紧急修复自己的计划和程序,因为如今我们会经常遇到电子设备的故障,像莫名其妙地丢失文件,最关键的时刻没电了,丢失了或被盗了,误丢进洗衣机里,正好遇到自动消防喷淋浇水了,掉进浴缸或马桶里了等。其实,非电子的设备支持也并非能够更好地避免这类物理损毁的情况,并不能更安全。我们应该为孩子时刻准备好 B 计划,当孩子的首要辅助工具失效时,他仍然能够获得与之同样效力的支持。我在这方面一直是小心翼翼的,我会同时保有电子日历和纸质日历,因为我知道一年之中总会用到几次。为了携带方便(户外营地里遇到倾盆大雨的时候,iPad 可就玩不转了),为了交互参照,或者为了应付"我那个该死的电话到底落在哪儿啦"的困境,在这些情况发生时,我就会很高兴我还有 B 计划。

对于很多孤独症孩子来说，视觉图像是有意义的，而口头或书面的文字没有意义。现在你明白了吧，用图片给予提示就是一种沟通方式：视觉图像是强有力的媒介，能够为孩子讲解并组织好他的世界，平复那些紧张，给他带来清晰的行动指导和行为界限。以他的方式去看，以对他来讲才有意义的方式去教。这样他在生活中就会少一些战斗，他也不必非要变成一位"斗士"了。他来了，他看到了，于是，他胜利了。

第七章

关注我能做的，别总盯着那些我不能的

如果我总是被搞得深感自己不行，总觉得自己有一堆问题，那我就无法学习。如果我知道自己将要得到的必然只是批评，即便你还自认为这种批评多么富有"积极意义"，那么，我能选择的就只有逃避，我其实已经很努力了。

多找找我的长处吧，而且你一定会找到的。大多数事情，做好它的方法可不止一种。

我弟弟在第一次读我写的《孤独症孩子希望你知道的十件事》时评论道："你写的第七条是对所有孩子都成立的真理。"没错！我还应该把这条真理的适用范围扩大到所有人，而不仅仅是孩子，更不仅仅是孤独症孩子。

然而，很多家庭和教育人员仍然会在不知不觉中掉进奢望的泥潭。如果作为成年人的我们，不能将自己的个人期盼与孩子的合理现实有清晰的区分的话，那么这就是一个将会吞没孩子潜能的泥潭。

我们曾经遇到过一位名叫萨拉·斯佩拉的体育教师，她就曾将这一切看在眼里。她说："有些父母深陷悲伤的历程中不能自拔，他们的孩子无法沿着原来所期望的道路前进，而他们却又把这种期望演变为孩子成长过程中的一个巨大阻碍。我见过很多例子，孩子的父母自己非常热衷于健身运动和体育运动，他们在这些方面对孩子怀有过高期望，这却让孩子完全排斥父母，不愿参与他们所期待的那些运动。我每周都会与这样的孩子打交道，他们对体育项目根本就不感兴趣。"这些孩子可能拥有某些与典型发育（typically developing）的孩子一样水准的能力，只不过他们用不同于普通人的方式来应用自己的这些能力，这意味着他们最为缺乏的是背后的信任与支持。"我可以一直鼓励这些孩子，说'我知道你行的！'但是，如果他们得不到来自父母的完全支持，仅靠我每周30分钟的课程，我再怎么鼓励也没用。"

可以说我们所有人都既有着与众不同的能力，同时也有着独特的不能之处。正如乔治·卡林[①]说的："棒球天才贝瑞·邦兹[②]没能力演奏大提琴，而大提琴家马友友则没能力当个棒球投手。"我丈夫不能写书，而我不能搞空气动力学工业设计，但我们俩从来没有讨论这种差别；我们欣慰地知道我们各自拥有不同的技巧与能力，这些能力让我们在这个世界中找到了各自大展才能的地方。

我的电子邮箱里收到了太多悲伤读者的来信，家长在邮件中悲叹那些孩子的"不能"，尽管如此，我认为他们的故事依然具有发展出快乐结局的潜力。

[①] 译注：乔治·卡林（George Carlin，1937—2008），美国著名独角喜剧表演者、作家，五次荣获格莱美奖。

[②] 译注：贝瑞·邦兹（Barry Bonds），前美国职业棒球旧金山巨人队的球员，美国职业棒球生涯本垒打纪录保持者，拥有多项美国职业棒球的纪录，七次荣膺最有价值球员头衔。

"我们安德森家族,四代人都擅长演奏小提琴,而到了我孩子这儿,我却连让他看一眼琴都很难。"我可不是开玩笑,还有哪种乐器会比小提琴更能制造出各种恐怖的感觉刺激的吗?试想一下,新学员制造出的刺耳音响,弓弦压迫着娇嫩的手指,两只胳膊被迫抬成不自然的角度,汗渍渍的下巴必须顶在一个形状怪异的托盘上,下面的共振箱不停地振动。只有这个家庭以外的人才会注意到这个孩子虽然不喜欢小提琴,却能够在高尔夫球场上精准自如地挥动球杆。我希望安德森一家抓住机会,不仅能从孩子身上发现新的亮点,同时也要学会经常去鼓励赞赏孩子的这些能力。

另一个家庭,原本非常热衷冰雪运动,却不得不沮丧地接受了孩子存在前庭问题的事实,他们意识到这个原因让孩子对滑冰和滑雪极度厌恶。而当某个夏天,他们来到海滩,妈妈发现儿子玩起沙子来却能一玩好几个小时,认真地对沙堆从各个角度做观察,做结构调整。到了冬天,当她给他买来一套雪花片塑料积木时,他一下子搭出了大厦、圆顶小屋和城堡。于是这位母亲发现了自己孩子能够做什么,而不再仅仅纠结于孩子不能做什么,而这也意味着全家在冬季有可能一起到山上度过一整天了,家庭成员会轮流陪着孩子搭建雪城堡,而其他家人就可以去滑雪了。渐渐地,孩子适应了冰雪的柔软特性,愿意尝试穿着雪具,开始习惯雪上运动了。

关注那些孩子能做的,而不总是纠结于他不能的,这一条始终贯穿着本书的所有章节,前面我们就曾讨论过如何积极地重新看待你孩子的负面行为。在这点上,无论我们怎么重复论述都是必要的。孩子是该被认定对人淡漠呢,还是该看重他具有工作的独立性呢?是该盯住他的鲁莽冲动呢,还是该看重他的爱探索、爱尝新的性格呢?是该盯住他的强迫式地清理物品的问题呢,还是该看重他出色的组织才能呢?在你被他不停地提问的时候,你能看到他的好奇和坚韧吗?本书后面的章节中,我们会进一步讨论你所持有的看待孩子的态度,以及你的态度是如何直接影响孩子的能力发展的。现在,我先要问你:

你能做到吗?你能转变观念,从而为孩子带来积极的影响吗?

你愿意做到吗?

当年我的父亲曾经惊喜地说他"从来没遇到过比布莱斯更快活的婴儿"。他补充道："我周围可是有很多婴儿的。"我很同意他的看法，无论我带布莱斯走到哪儿，他都是最甜美祥和的孩子。

当他2岁时，我们为他报了一个每周去两个上午的幼儿园课程。九月份还没结束，老师就向我们报告说布莱斯只爱自己一个人待在角落里，他的语言技能发展缓慢，也不参加桌面的活动，而且他还有击打、推挤同学的举动。我对此很纠结，不相信布莱斯有这样的个性。直到来年春天的家长会，情况也没有任何改进。"布莱斯通常只是自己玩儿，"老师在书面报告中这样描述，"他很沉默，只是在一旁观察孩子。他很难跟随引导。布莱斯不喜欢艺术课程和桌面活动。他虽然说话，但我们很难听明白。他会模仿其他孩子。布莱斯的注意力很短暂。他在集体圆圈活动中不参与互动。"

哇喔！我当时就想，该死的否定太多了，他才2岁呀！

这种"他不能/他不会"的描述，一直持续到下一年，九月份的家长会上，我礼貌地向老师提出建议，看看能不能更多地关注那些布莱斯能够做的、愿意做的积极方面。有了这样的提示，我之后听到的都是：布莱斯能够自我娱乐很长时间，他对体育游戏无论室内的还是户外的都很喜欢，他还喜欢沙箱游戏，而且很有模仿天赋。从而我们认为，他的语言迟滞极大阻碍了他在校内社交方面其他能力的表现。我觉得这方面我可以做一些事，于是我在家里对布莱斯开始了语言矫正的干预。很快，他在学校里就能够让人听懂他使用的三个字的词组了。

尽管我请老师多给予正面的关注，帮布莱斯进行专业的语言矫正，可是他在总体方面的进步并不明显。在冬天的学校报告中，描述的情形依然如旧：他有与同伴交往的意愿，但他不知道怎样去做，只是自己玩儿自己的，在集体场合里很难听人家说话。我觉得自己应该直来直去地与学校谈谈了，于是提出与老师和校长一起开个交流会的要求。在又听了一大堆的否定之后，我忍不住直截了当地问老师，请他们实话实说，他们是不是不大喜欢这个孩子。校长像是被针扎了一样打了个冷战，我当时也立刻非常后悔，怕自己的不冷静破坏了这次交流。校长说:"不!你有权利这样问,你问的也是合理的。"明确的答案是布莱斯的老师们都非常爱他,但是他需要的帮助已经超出了这个学校的能力。家长会在校长的总结中结束,他建议布莱斯应该去接受公共早期干预服务。

"那是怎样的服务?"我问,我从来没听说过这个词,"早期干预",出了什么事?

校长说:"那里会有专业的人员提供帮助。"而那里的专业的早期干预教师与治疗师都非常赞同我的"我能!"观点。他们总是不断地告诉我:布莱斯有多酷;布莱斯比他们想象得还要棒;布莱斯为什么会这么棒;布莱斯的前进方向该怎么去规划设计。这些专业人员把关注的重点放在布莱斯的长处上,放在老师的教学技巧上,放在能够减轻他的不适的物理环境的布置上。这一切让我们所有人,包括布莱斯都感到非常受用。

这些也与我先前得到的信息不一样,在我最初读到的那些关于孤独症的书里,全都是些令人沮丧的故事和推断。孩子将不能建立友谊,不能结婚,不能拥有一份工作,不能理解法院、银行和公交系统之间有哪些差别……而且,这些白纸黑字、言之凿凿的话,都是比我懂得多得多的高人写出来的。不!我从心里不愿意接受。在我的大脑与心脏之间,似乎总有一个微弱的声音在一直回荡着:别信那些!只要你不信,那就不会成真。我曾经抗争,可是那些"不能"的否定之声,却让我听在耳中,冷在心底。我们的儿科医生给我的第一个建议是:"相信你自己的直觉,你知道的远比你以为的要多!"我听进去了,既然一切都是可以争取得到的,那我就没什么可失去的了。如今,那些"不能",布莱斯都"能"了,只差结婚这一项了,不过他还没满20岁。

家长最重要的事情之一就是倾听自己强大内心发出的声音,它会告诉你什么才更有利于孩子。从"否定"到"肯定",我们这

> 家长最重要的事情之一就是倾听自己强大内心发出的声音,它会告诉你什么才更有利于孩子。

种观念上的转变，应该来自我们的内心和大脑，我们需要感觉与知识并重，直觉与思考同步，要在"基于实证"与"最佳实践"之间做权衡，而不能仅仅凭着某一种说法来判断与自己亲密接触且朝夕相处的孩子。没有谁会比你更爱她，没有谁会比你更能为她的将来付出。即便最受欢迎的疗法和策略，也有可能会在某些场合下对多数孩子有用却不适合你的孩子。曾经有一种在20世纪90年代初期很流行的孤独症的干预方法，如今我一读到它，就深感厌恶，我有200%的把握确认，它对布莱斯根本没用。我至今仍记得在一次家长会上，我与那些同样持有"我能"观念的早期干预老师们讨论时，曾经跟他们说："如果你们要是把那套方法用在我的孩子身上，那就会杀了他，我也会杀了你们。"让我开心的是，他们的看法与我的一模一样（后来那些老师告诉我说，他们当时想站起来为我鼓掌来着）。这些老师至今大多仍与我保持着联系，如今已成为我的挚友，只是不知道他们是否也还记得那次会谈。

我知道你可能感觉我的上一段文字有点挑衅的味道。自从我写了这本书的第一版以来，就一直有人在连猜带问地向我打听，要我透露一下我如此讨厌的方法究竟是哪一种。虽然我心中的回答是始终如一，不过，我绝不会告诉你它是什么，因为你知道了答案，也就错失了我讲的要点。我所讲出来的故事，带给你的，应该是一种思路，你应该从中学习如何从现有资源中挖掘那些只对你孩子有意义的资源。

我从一开始就与"否定"态度进行着对抗，一步步走过来，我对布莱斯的"肯定"态度越来越坚定。这并非是说当我收到他"不能"的信息时，从来没有被吓到过，我当然也会被吓得一跳。不过，我只把那当作一个挑战，用来激发我的斗志，引导我的思考："哦？是吗？我们走着瞧吧！"

如果你尚未形成这种思维习惯，尚不能把关注的重点集中在孩子能做的方面，那么，你何谈开始呢？首先，你应该承认这需要一个心态的转变，需要时间与过程。其次，才是根据孩子的学习风格去寻找一条适合他的道路。

"不要问我的孩子有多聪明，要问我的孩子聪明在什么地方。"这是一位叫大卫·苏泽（David Sousa）的专家在《脑与学习》①里的一句话。典型发育的孩子也许能通过各种方式来学习，但孤独症孩子则可能会只偏爱其特定的学习方式，而难以通过其他方式来学习。下面就是一些他们可能偏爱的学习模式：

顺序型学习者，他们需要听从按部就班的引导，常常擅长死记硬背，也许会被人视作有酷爱整理清洁的癖好，因为他们很喜欢依靠视觉来组织。

"格式塔"或者全局型学习者，他们会整块地接收信息，先抓取大片的图像，然后再分成细节信息。

自然型学习者，他们在自然环境中学习效率最高，他们喜欢与动物和户外环境互动，在对信息的分类、组织或存储上，有可能会表现出不同寻常的能力。

动觉型学习者，他们需要边做边学，在过程中通过身体运动来获得对这个世界的体验，他们也许是登山、跑步、跳舞、表演的好手，会对工具和设备着迷。

空间型学习者，他们可以成为你的小建筑师，或者小棋手，他们喜欢制订计划，喜欢绘制或搭造那些出现在他们脑海里的东西；他们也许很偏爱地图、拼图、图表和图片，似乎有着与生俱来的物理和几何天分，但是在语言文字上，他们的记忆与拼写能力也许很糟糕。

音乐型学习者，他们对事物的理解会依赖自己的声音感知（节奏、韵律、音节），在自己的头脑中形成旋律，谱写旋律，借此作为他们辅助记忆的手段。

一旦对孩子或学生的信息处理方式有了了解，你就能打开她学习的大门，就可以引导她在参与校内或校外的活动时都能取得进步，在任务与挑战面前，她就能增强自信。你对自己方法的使用也将变得更为灵活、更为积极。你将

---

① 编注：《脑与学习》(*How the Brain Learns*) 中文简体版于 2005 年由中国轻工业出版社出版。

会看到她在学习过程中也更有激情了，因为你的努力，让她体验到了学习的意义。

你在这样做的时候，必须把那些从书中看到的，或者从医生那里得到的常规或典型儿童的发育时间表抛在一边，因为它们大部分都与你的孩子无关。在我刚进入这个圈子时，我学到的孤独症的标志之一就是发育的不均衡性。布莱斯当年曾经有一位同学，才4岁，却已经是一位海洋学专家了，他甚至比我都更了解珊瑚礁的生态过程和海底发光生物的科学知识。可他母亲却告诉我说，她宁可不要孩子掌握这些知识，只要能换来他短暂的社交沟通，或者换来像布莱斯那样的微笑就好。这位妈妈是一位孤独症人士的社会倡导者，也是一位尽责的学习者，如今她的这两个愿望全都已经实现了。

虽然布莱斯脸上的确总是带着灿烂的微笑，可是对于他来说，那种普通儿童的发育时间里程表却在很多方面毫无意义。他直到4岁才能真正地说话，直到9岁才能真正地阅读。他曾经酷爱游泳池，却只是紧紧抱住边缘的抓手，强烈地抗拒学习游泳，直到8岁，他遇到了一位优秀的教练，在他的带领下真正体验了游泳池的快乐，并且在短短几个月的时间里，就学会了全部六个进阶级别的游泳课程。而他的教练说，大多数的孩子都会卡在某个级别的课程上，甚至几个月都不能提升。布莱斯学习游泳，跟他的语言能力发展一样，都是"格式塔模式"的，尽管入门延后了很久，却取得迅猛的进步，不像普通孩子那样按部就班地渐进式发展。

现在我们谈谈要想以肯定的态度替代否定的态度，作为父母、家人和教师都有哪些职责与任务。在某个网站上，我所写的《孤独症孩子希望你知道的十件事》引发了网友们的热烈讨论，然而其中一个帖子却让我读后深感痛心。那是一位母亲写的，她说自己深感"疲惫与荒唐"，她在描述自己的孩子时，逻辑就是"我爱你，可是你却……"她说："上帝呀，你能听到我的心声吗？当初，我的孩子还很小很可爱，还不会攻击我，我那时曾愚蠢地发誓，希望她就是她，不是其他的样子。我现在想收回我的誓言，我希望她像其他孩子那样。"

读了这位母亲的话，我又伤心又气愤，因为我敢肯定，她的孩子不会像她一样，去乞求上帝将自己的妈妈换成自己心目中本该有的妈妈。我悲伤的是，这位妈妈错过自己孩子在成长的每一天中都会出现的快乐闪光点，她只会将机遇与成就葬送在痛苦与悲情之中。我气愤的是，这位妈妈将自己的孩子置于一个必败的境地，她甚至会责骂孩子"拿着杏仁和芭比娃娃去喂小狗，搞得一塌糊涂"，而这是即便在普通孩子那里也会出现的行为。

尽管我对这位妈妈的身心疲惫感同身受，尽管她发表的大部分帖子都是龇牙咧嘴的抱怨，但我仍然能够看到一些细节，看到她有能力扭转局面的希望。她一直在为孩子长大成人之后的未来担心着，她也希望能够为自己的其他孩子减轻这个孤独症孩子带来的负担。她为孩子开展了感统治疗和语言干预（尽管她称之为一种"折磨"）；她也曾仔细考察过使用医疗药物的利弊。因此，虽然她那些刺耳的言论令我感到害怕，但我仍能看到希望，希望她终将能够发现自己以及孩子"能做到"的地方，树立起肯定的态度。

"无论你认为自己能，还是认为自己不能，你可能都是对的。"这是亨利·福特说的，这位象征着美国工业的偶像人物，也是孤独症谱系障碍中的一员。关于他的这个诊断的历史真实性如今已经不可考，更重要的是他带给我们的启示：对于你的孤独症孩子，你选择相信什么，有可能才是影响他未来成就的最大因素。

我们选择相信的，并不总是可以证实的真理，而且，我们的坚信程度也并不能构成对其真伪的考验。我可能全心地相信自己能飞，或者相信能够把金箍棒塞进自己的耳朵里，但那并不会真的实现。但在缺乏实质性证据的地方，我们选择相信什么，以及我们如何让这样的选择来指导自己的行动，将会产生更为重大的意义。

如果你总是陷在"本该怎么样"的泥潭中不停地挣扎，那么你的孩子也必将从你这里得到同样的体验。能够在别人的挑刺儿中激励自己不断进步的，是罕见的超人，而我们作为凡人，不断的挑刺儿只会击垮我们的自尊。是该我们抓住要害的时候了，要知道"bitter"（辛苦）与"better"（更好）之间，只有那么一个字母的差别。

最初拿到孤独症的诊断时，很多家长都会被紧迫感压垮。他们会急于阅读各种到手的书籍，到各个网站上与同样疯狂的家长们相互讨论，常常淹没在汹涌而至的海量信息中。有些信息令人憧憬，令人振奋；有些则令人沮丧，令人颓废。你需要寻求专业人员的指导、了解特殊学校和治疗课程，要把资讯变为行动，还要仔细权衡药物疗法以及膳食疗法，更需要考虑这些给你带来的经济压力。面对这些雪崩一般扑面而来的各类新信息，如果你全都照单吸收的话，那你就危险了，这些原本可以非常有用、能帮助你挺过很长一段路程的好东西，也会因为剂量超大而变成了毒药，让你麻痹。这都是我们身边真实发生的事情。

如果列出你"能够做到"的第一件事，那么应当是：调整自己，迎接挑战，迈出脚踏实地的理性步伐。

> 你还有时间。
>
> 你还有很多的时间。
>
> 你有今天。
>
> 你还有明天。
>
> 你还有下个星期。
>
> 你还有下个月，下一年，还有之后的许多年。
>
> 每过一年，你都会从医学研究和教育进展中获得新的信息和知识。
>
> 抛却消极。
>
> 持之以恒。
>
> 花会结果。

第八章

我在社交方面需要你的帮助

　　虽然你会竭力地让"社交"看上去很容易,但它对我还是太难了。在你看来是显而易见的那些东西,却让我摸不着头脑,令我困惑。尽管看上去我好像不乐意与其他孩子一起在操场上玩,但实际上我可能很想,只是我根本不知道如何才能加入到游戏中去,或者只因为我根本无法跟上他们分分钟就快速变化的想法。当我看到艾米丽从滑梯上摔了下来时,我可能会笑起来,但是并非是觉得她摔倒值得嘲笑,只是因为当时我不知道该说些什么。在学校的集体活动中,我可能会感到非常不自在,如果让我独立来做同样任务的话,我可以做得更好。我有时可能很聪明,但不要因此就认为我一定明白那些社交含义。我无法仅靠对别人的观察就能自然地懂得社交。

不妨直说吧，只要落脚在孤独症谱系当中，那么孩子的社交表现总是会让人觉得突兀。这是让孤独症孩子感到最为痛苦的地方，也是家长最优先、最迫切地希望去矫正他们的地方。如果社交能力只是个简单的生理问题，我们还可以去寻求药物、营养、锻炼的功效，或者通过物理治疗来加以改善；只要孤独症孩子对社会交往有好奇心、性格外向、有动机去学习，那么我们就可以安排课程培养他们的社会智力。

然而，在大多数情况下，我们孩子的社交问题可没有这么简单，社交意识可不是一套固定的、可以清晰分解的技能。无论孩子的程度如何，那些最基本的行为规范（诸如说"请"和"谢谢"，擦鼻子时使用纸巾而不是用袖子，排队等候，等等）都可以而且也应当被尽早教会。想想你自己在日常生活中所处的各式各样的场所和社会环境。每一处都铺着一张社交行为网，我们身处其中，做出判断，依照各自领悟的社会规则行事，这些东西很少是被教导出来的。

社交技能（我们希望孩子展示出来的社交行为）并不是我们要通过教导而让孩子获取的最终目标。为了帮助孩子能够驾驭这个不断变化的社交世界，我们的最终目标应该是孩子具有社交能力——能够在各种社交情境下参与其中，清楚自己该说什么，该做什么，并且知道如何在内心里以及在外表上做出恰当的应对。注重社交能力，而不是仅仅教授社交技能，这是如今教育和治疗领域公认并得到广泛支持的一个观点，它强调社交情商在儿童生活中的重要性，是取得成功的决定性因素。正如布莱斯的高中校长当年反反复复地向学生们强调的："缺乏社交能力要比缺乏认知技能或智力糟糕得多，会更容易让自己在工作中被解雇。"

如果将社会情商这个完整、协同的世界拆解开来的话，这对我们很多成年人来说是很难或很不自然的，因为我们大多数人在这种情况下无法直观地学习、掌握它。如今，以成功为导向的书籍和博客内容非常多，它们的题目往往是"学会在集体中工作"或者"四步教你参与对话"，而这些教学内容和形式正是大多数孤独症孩子所需要的。就像我们都需要先学会走路再学会跑一样，我们必须先教孩子掌握社交思维能力，再应用到社会交往中去。他们应当首先理解整个社交过程的意义，抱着积极的意图去参与社交，而不应该只是带着死记硬背的知识，凭借着重复训练出来的固定模式，心里却惴惴不安，总是担心结果会如何。通过社交思维的学习，你的孩子会明白如何把观点和内容带到行动中——既需要考虑自身的、社会的、周围环境的实时条件，又要考虑到其他人的感受和看法。孩子还要懂得如何通过分享来与游戏中的伙伴们建立联系，并能够在特定的情境当中理解他人对自己的语言和行为产生的各种反应与看法。社交思维是我们社交行为的来源，这种社交智力或者情感智力，对我们孩子的远期影响，要比认知智力更具有决定性，决定着他未来能否在社会上获得成功。

作为父母或老师，要想在家庭或学校中帮助孤独症孩子成长为具有社交思维的人，能够观察并驾驭当前的社交情境，那么从一开始就应该抛却那些不着边际

> 我们必须先教孩子掌握社交思维能力，再应用到社会交往中去。

的想当然，比如认为他只要进入社交场合、通过观察社交达人的言行就可以获得应有的社交敏感度，或者，等他日渐长大，会在某一天以某一种方式摆脱懵懂，领悟社交的奥秘。今天的一些教育体系，的确已经在很多项标准中引入社交相关能力的概念，但是不幸的是，到目前为止，学校体系的教学大纲仍然以一个错误的假设为基础：所有孩子入学时，都已经具备了能够对社会信息进行完整加工的大脑，而且肯定能按部就班地发展出完整的社会性。这个假设不公平，也毫无根据，这让整个教育体系在应对这些天生社交缺陷的孩子时无能为力，进而不是首先反思教育本身，而是谴责孤独症。孤独症孩子真正需要我们做的是改变观念，改变教育模式，在他们特殊的大脑结构的基础上来建构社交意识。

当谈论如何教孩子学习社交技能时，我们脑子里常常有一个非常宏大的目标。我们要让他们能够融入周围的世界，要他们无论在学校、在社区还是在工作岗位上，面对各种人际关系时都能

> 社交智力，对我们孩子的远期影响，要比认知智力更具有决定性，决定着他未来能否在社会上获得成功。

独立地处理社交问题。布莱斯在初中时明确了这个目标，而且他告诉我，甚至在他小时候还不会表达，不知道如何定义这个目标的时候，这就已经是他的目标了。社会化教育不仅仅是照着社交规则指南来训练，它教授的应该更是一种在社交环境中自信的状态，这是在孩子很小的时候就开始用心教育社交思维的结果。

- 共同体验：能够与其他人建立起基本的联系，并知道他人是自己更广、更好的信息源泉。
- 换位思考：能够从其他人的角度观察和体验这个世界，把其他人的不同观点当成自己学习和成长的机会。
- 灵活性：能够适应日常生活中预期之外的变化，能够认识到失望情绪在所难免但应该有节制。
- 好奇心：从思考"为什么"中获得探索世界的动机，如为什么这些事会存在？为什么这种存在是重要的？为什么其他人的感受和自己不同？这些不同如何反过来影响我们自己的感受和观点？
- 自信心：充分相信自己的能力，有信心尝试新的冒险体验。充分地喜欢自己、尊重自己，面对其他人轻率无情的言论和行为，不会受其影响而自我贬低，只会认为他们那是在自己作践自己。
- 大局观思维：认识到无论是否与他人互动，我们都会运用自己的大脑和社交知识，如我们在读故事书时，需要分析角色的动机和特征，预测他们下一步要做什么；我们会在脑中重演以前的社交环境，判断自己是否做得恰当。孩子也许会说："我才不在乎会不会社交呢，我自己待着就挺好。"有可能他当时的确是这么想的，而且世界上很多人爱独处胜过爱社交。不过，也存在这种情况：某些孩子会采用

"我才不在乎"的态度来回避非常痛苦的体验，因为他们缺乏足够的知识、技能和支持来克服自己遇到的社交障碍，难以完成自己的人生目标和梦想。

- 交流：要理解我们在不说话的时候也在交流。

米歇尔·加西亚·温纳[①]在20世纪90年代中期提出了"社交思维"这个概念，她被认为是社交情商学习这个领域内的先行者。她在多部谈及"社交思维"的著作中，曾经概括出普通人在人际交流过程中的四个步骤，那是在几毫秒内、无意识地依次发生的：

- 我们不仅能考虑自己的想法和感觉，还能考虑其他人的想法和感觉。
- 我们建立身体表达，因而其他人可以理解我们交流的意图。
- 我们用眼睛来监测人们在互动中的感受、动作以及反应。
- 我们使用语言与他人建立联系。

注意到了吗？语言在交流的过程中仅仅出现在最后一步。没错！但是父母和教师通常却只强调这一步，把其当作教学重点。如果缺少前面三个步骤，只教孩子最后一步，那你孩子或学生在社会交流中就会缺乏充足的准备，社交表现也会非常脆弱，他的社交沟通很可能也就难以产生预期效果，很难成功。温纳将这种只强调行为层面的教学称之为"在叶子上教学"，而我们的孤独症孩子需要的是从根子上起步的社交教学。

[①] 原注：米歇尔·加西亚·温纳（Michelle Garcia Winner），*Thinking About You, Thinking About me* 的作者。

同等重要的，是要让孩子体验到非语言交流在社交过程中的作用。我们可以将社交过程中的微妙之处进行分解，分成三大类：

- 语言交流：他们不明白口语中无数的细微差别，不明白嘲讽、双关语、成语、隐喻、暗示、俚语、夸张或抽象。他们的发音单调（让人感觉无聊），或者可能说得太响、太轻、太快、太慢。
- 动觉交流：他们看不懂身体语言、面部表情、情感表达（悲伤或反感），他们的手势和肢体语言可能运用得很不恰当，他们可能拒绝眼神交流。甚至在眼睛是人类信息来源这一点上，我们的孩子当中有太多人都缺乏最基本的理解。天宝·格兰丁博士说自己直到51岁才明白人们在用眼睛传递着非语言沟通信息。
- 空间关系：他们不理解交流过程中的物理空间概念，不理解人和人之间微妙的领地感，也不知道如何规划个人空间。他们经常无心地成为空间侵入者。人际空间的划分不仅仅在不同的文化中不一样，在不同的人之间也不一样，会因关系的远近而变化。究竟是亲密无间还是存在私人界限？还是在公共场合的泛泛之交？对于绝大多数孤独症和阿斯格综合征孩子来说，他们的推理水平也许永远无法破解这些人际空间的微妙关系难题。

我们希望孩子最终能够舒适地开展社交互动，但是没有捷径可走，也没有灵丹妙药，我们所能做的，只有让他们大量地练习，随时随地地练习，就算在练习中会伴随着无数的混乱和错误（要告诉孩子，"错误"其实就是练习的另一种说法）。我们常听说只要提供丰富的语言环境就一定会促进语言的发展，但这种说法在孤独症孩子这里却行不通。将我们的孩子放在典型发育的同龄孩子中，如果不能提供足够而具体的社交指导的话，那他们也不可能自动发展出社交思维能力。如果不加以指导，孤独症孩子就算成年以后也无法掌握正确的社交方法。教育孩子掌握社交思维和社交意识，需要提供成千上万的、马赛克碎片一般的练习机会，并加以合适的引导，让孩子在自信心的基础上，拼出自己的图画。这需要你，作为父母或教师，成为他的社交导师，在与他相处的所有时间里，保持着110%的社交警觉，把复杂的社交网络分解成教学细节，用他可以理解的方式去引导他探索社交中的微妙线索，假如仅仅靠他自己，那他很难察觉和应对那些复杂的社交信息。

应该将社交导航当作日常生活中不可分割的一部分，无论是在家、在学校、在社区活动中、在商店、在娱乐场所，或者在教堂，你都需要这么给孩子提供帮助。在引导孩子体验这些富有挑战性的社交场景时，我恳请你抛去"他有缺陷"的心态，不要让孩子以为自己天生的缺陷会导致他永远无法实现自己的目标。自信心是一切社交功能的基础，如果孩子一直被认为能力不足，难以完成任务，那他就不可能在环境中受益。他的某些行为可能会不利于社交发展，但我们总应该将孩子本身和他的行为区分开看待。

> 我们希望孩子最终能够舒适地开展社交互动，但是没有捷径可走，也没有灵丹妙药，我们所能做的，只有让他们大量地练习。

自从布莱斯被诊断出孤独症开始，我就知道这条路非常漫长。顺利时，我们可以按照既定计划快乐地学习，朝着目标充满建设性地前进；但在不顺时，我们也会数着每一分钟，度日如年。在那些压力非常大的日子里，我看不到前方的希望，甚至会怀疑究竟要做多少才够。除了社交技能，他在其他方面的需要也纷繁复杂、无休无止，我怎样才能知道我要教他、培养他到什么样的程度，才能让他开启修复模式？我给他那么多教育和训练的机会，果然是他需要的吗，抑或只是填鸭式的灌输？两者的界限又在哪里？一个才5岁的孩子，每天要接受6个小时的严格训练，包括下午半天的学前班、每周三次的言语治疗、适应性体育训练、一对一作业治疗，此外还有轮番上阵的课外补充训练、辅导和社交活动。我也深深忧虑，这样高强度的训练，给孩子传达了怎样的信息？

我是有问题的。

我回想起儿科医生曾经给我的第一条建议："要相信你的直觉，你比你自认为的要知道得多。"从那时起，我一直铭记着这条建议，所以，除了学校里的安排，我从没给布莱斯安排其他任何课外训练。我这样做是因为我相信，社交技巧本身与开展这些技能教育的节奏、方式以及内容一样，都是帮助布莱斯进步的重要因素。

假如不能建立起一个社会框架，不能让他明白社会环境中的相互联系，不能让他明白这些社会行为的意义，那么，填鸭式地教育社交技巧只会给他带来零碎且不相干的某些行为反应。而能够给他带来最佳学习效果的环境，绝不是一个只是不断施压、要求他做这做那的环境。我的任务是为他打造在自然环境中发展自信心的基础，让他感觉舒适，只有这样他才有可能在社交意识上有所发展。有了自信心，我相信他才会更容易地沿着自己独特的发育时间表去学习社交能力。这个时间表不是我或者其他人从书里或者图表里抄来的，也不是和其他孩子比较来的，而是他自己决定的。我虽然不能保证自己做得全对，不过在布莱斯身上，他的学业步伐，他的自我意识的成长，以及他自信心的建立，这些之间肯定存在着直接联系。他的自由时间其实是他储备力量的时候，只有让他在生活中拥有能够自主选择做什么的一段时间，才能保证他能将100%的精力投入到学校里。他的一位助理老师说："你做得非常对。我看到过太多为了训练而疲于奔命的孩子。其实，特殊孩子也与其他孩子一样，都很需要有自己的时间。"

布莱斯从13岁才开始在社交表现上出成绩。他在学校运动队里、在学校舞会上都成功地实现了社会交往，这让我深有感触，只要孤独症孩子有健康的自信心做引导，他就能够成为榜样。从他被诊断开始，我们走过了漫漫长路，有时崎岖，有时突见光明。现在回想起来，我认为正因为我们不懈努力地增强他的自信心，才为他提供了巨大的动力，使得他愿意尝试着离开自己原有的社交舒适区，探索并扩展出更大的社交适应区域。

教给孩子社交意识，这只是迈向拥有社交能力的一个步骤，作为一个整体目标，这看上去总是显得很宏大，不过，任何一个宏大的目标，你都可以分解出很多小任务，从而高效率地各个击破，并能够从一个个具体的小任务中逐步积累起成功的经验。在社会意识的教学过程中，需要扫除很多障碍（通常包括感官、语言或自信心上的那些问题），要抛弃那些先入为主的观念，衡量进步时也别被那些刻板的发育进度给卡死，而应该灵活地制定目标。

拆分目标使之清晰易于掌控，是一件非常重要的事。因为当你向孩子同时传达多重任务要求的时候，孩子会很难区分目标的主次。如果你想让孩子与全家人一起快乐地共进晚餐，那么，你首先要意识到这一任务涉及好几个相互交叉的目标。如果你的首要目标是社交训练，那么你可能需要给孩子准备好适合他的座位和餐具，避免会让他感觉难受的食物（他的以及其他人的）、气味和声音，全家人要一起努力将他带入闲聊之中。要确保他在餐桌上不用忍受难闻的气味和讨厌的食品，也不会因为总是被提醒注意自己的行为礼仪而感到沮丧，不要让孩子因为无法理解大家的闲聊乱侃而感觉乏味，既然你的目标只是快乐社交，那么就要剥离掉其他目标的干扰，比如不要同时教他别挑食，也不要在这时候要求他练习使用餐具的精细动作。我自己就是这样做的。我的两个孩子，在生活的不同时期，都曾有过在自己房间吃早餐的经历，因为每天起床后的常规活动略显凌乱，让他们感觉紧张，而当时的早餐目标是保证营养摄入，而非进餐礼仪。而且，这样的调和措施不过是暂时的，就像我们做过的其他很多调整一样，只持续几个月而已，不会没完没了。让我告诉你，经过这样耐心地拆分目标，我们最后收获如何：在布莱斯12岁那年，我们全家在城里最精致的餐馆里为我庆祝生日，孩子们都很开心，而我更是经历了一生中最让我感觉惊喜的一刻，我看着布莱斯自信地走到钢琴师那里，递给了他五元小费，说："我能请你为我妈妈弹一首《星尘》吗？今天是她的生日。"那一刻，多年来我对他耐心、恒心、细心的训练，终于有了回馈，布莱斯的社交适应性表现得非常自然。

社交能力的改善，如同凤凰涅槃修炼一般，需要在每一天每一个行为中慢慢打造。古语说得好："高山之巅是靠一步一个脚印攀登上去的。"我们不是摩西，山顶上也没有刻着戒条的石板，但如果有的话，我们的"十诫"或许会是这样的：

1. 抛弃任何"修复"的想法。

2. 建立孩子的自信心，这是他进行社交冒险的基石，也是抵挡外界敌意的盾牌。

3. 着力于发展孩子的社交意识、社交解读能力和社交问题解决能力，将它们作为发展社交能力的主要途径。学习考虑并解读他人的想法和感受，学习维持社交关系的平衡，有助于在不同的社交场合里流畅地运用社交技能。

4. 创造环境让孩子能够成功地开展社交实践，这种实践不该只是断断续续的、偶尔的，而应该是经常性的体验。

5. 将你的社交训练目标具体化，注意任务之间的交叉和冲突。

6. 从孩子真实的社交水平出发，不要主观地预设期待值。有些词汇量较大、智商较高的孩子，会让我们想当然地以为他的社交能力也会比较好，但大多数情况下不是这样的。

7. 每个目标的进阶步伐要小一些，要慢慢地积累。

8. 衡量孩子的进步，需要有灵活的评估尺度，即便是进两步退一步，那也是进步。

9. 在合理的情况下，允许孩子退出社交冒险活动。你让他尝试去参加教堂的唱诗班或课外的乐高班或去宠物收容机构当志愿者，但如果几次尝试后他还是讨厌这些事，那么表扬他的努力尝试，告诉他到此为止，"没关系"，然后去找其他事做。

10. 记住，随着时间和环境的变化，社交规则和社交预期都在变化。某个行为对 5 岁孩子来说是恰当的，但对于青少年就不一定了；在学校食堂里适当的行为，在饭店和在朋友家做客时就不一定适当了。

要想让孤独症孩子融入我们这个社交世界，需要付出太多太多的努力。有可能他已经尽了自己最大的努力，做到了最好，展现了他当前力所能及的所有社交能力，然而，当面对和理解那些微妙的社会行为时，他依然会很困惑。这个时候，他最需要知道的是你的信任还在。他知道，你对他的这种信任绝不会因为他某些能力的欠缺而动摇。

高山之巅是一步一个脚印攀登上去的。我的另一个儿子康纳最喜欢的书是关于探险家埃德蒙·希拉里（Edmund Hillary）爵士和他的尼泊尔向导丹增·诺盖（Tenzing Norgay）的故事，他们是首次登顶珠穆朗玛峰的人。我与康纳曾经谈论过世人对此的争论，他们两个人中到底谁才算是第一个登上世界最高峰的人呢？有人猜测向导应该比探险家要早一两步登顶。2001 年，向导的儿子在接受《福布斯》杂志的采访时说："我也曾经问过我父亲这个问题。他说：'孩子，这不重要，我们是一个团队。'"你，就像向导丹增一样，在社会性这座高山上已经攀爬了很多年；而你的孩子，则像希拉里爵士一样，他可是第一次登山。你作为他的向导，更重要的任务是了解他，并且帮助他，让他体会到登山过程的美妙。

第九章
找出让我情绪崩溃的原因

你把这种情况称之为情绪崩溃,但在我的感觉上,它更像是一场爆炸,它对我的可怕程度要超过对你。

我的一切所作所为都是在告诉你某些事,但我的语言能力却又不足以让我把它们说清楚,我不知道该怎么办,不知道该如何应对身边出现的某些事情,不知道该如何应对自己身体内的某些痛苦或恐慌的感觉。我并非"就要和你作对",也并非"就是不听话",我的崩溃只是因为我的某些感知觉已经达到了超负荷的程度,我承受的压力已经超出了我社交能力的极限。当生理上的某些感觉很糟糕时,它会引发我的崩溃,比如过敏问题、睡眠障碍以及肠胃方面的问题,不管那是什么,我反正感觉自己好像正在遭受攻击。

我需要你的帮助,帮我离开那样影响我的东西。只要你能弄明白为什么我会崩溃,那你就能够预防它的发生。我无法仅靠自己排解。请找出这些蛛丝马迹来,它们一定在那里,只是我可能无法用语言清楚地告诉你。

你也许现在还不相信,但读完本章之后你就会知道:引发孤独症孩子情绪崩溃的原因竟然有无数种,而那些诸如冷傲、暴躁、顽固、娇气以及"不够努力"等之类的标签式评论,其实在各种可能原因的清单上只远远地排在很后面,要用望远镜才能看得到它们。

前面我们讨论并明确过:所有行为都存在原因,所有行为都是一种交流。情绪崩溃也是孩子发出的一个明显的交流信息,他无法用任何其他方式来告诉你环境当中到底出现了什么,是什么已经突破了他脆弱的神经系统的承受能力,事态已经升级到超出了他能够自我调节的范围,他的自我管理已经无能为力了。看上去这一切都是"突然爆发"的,但事实上都有预警信号,有线索可循,只不过有时候信号很微妙,要么你不能及时识别,要么有可能被你忽视甚至被你拒绝。哪怕他的语言能力在普通场合下已经够用,但在压力情境下,孩子的这些能力也可能完全失效。而对于那些语言能力有限甚至无语言的孩子来说,他们就更没有其他选择了,只能通过其他行为来传递信息,尤其当我们还没有教会他使用其他辅助沟通的手段时。所以无论孩子的语言能力如何,你都应该时刻牢记,有些情况不是他的能力可以控制的。有了这样的认识,事情就会简单多了。孩子绝不会故意地要情绪崩溃。哪怕你曾经一闪念,怀疑孩子是不是想用情绪崩溃这种负面行为来吸引你的注意力,这都是不符合逻辑的,这样想带来的结果会事与愿违。

首先,我们必须相信,如果孩子有能力做到,那么他就会选用合适的方式来沟通。只不过,他的社交认知和感觉加工功能往往不足以支撑这种沟通能力,他缺乏足够的语言技巧来完成表达。要是你目前还不能相信这一点,那就该有意识地建立起这样的信念。你应该假设孩子的大脑中存在一个触发机制,而你的职责就是对这个机制坚持探索,用心去琢磨它。我们在本书其他章节中讨论的各种问题,比如,感知觉超负荷的问题,"不能"还是"不愿"的问题,语言表达能力

> **永远要记住:是情况超出了孩子的能力控制范围,而绝不是孩子故意要情绪崩溃。**

不足和社交处理困难的问题，都可以汇集到这个"触发机制"上。

所有行为都存在原因，我这么说的意思是指，所有的行为都有一个解释，都存在一个内在引发机制。寻找行为的原因是一项复杂而困难的任务，这可不同于为一个行为找借口那么随意。为行为找个借口，那只不过是试图随便给出一个理由，有时也许蒙对了，但更有可能的是，这个借口实际上缺乏事实依据。我们来看看下面这些话：

"他就是不想做。只要他想的话，他就能做好（他就能安静下来，他就能好好配合）。"

"她只要再努力一些就行。"

"我教过他，可他就是不愿意学。"

这么说的人里面有家长，有老师，有护理人员，这些话其实不过是为自己找借口，他们并没有努力寻找行为背后的真正原因。想想看，我们在平日里有多少次曾经如此张嘴就对孩子说："你只要真想做，你就能做到。"哦！真是这样吗？难道只要我们真想的话，我们就可以来个时间旅行玩穿越吗？只要我们想，就可以活到300岁吗？盲人只要特别想，他就能抄写黑板上的文字吗？如果你觉得这些话听起来有点耳熟，那么没错，因为我们在第三章里就已经讨论过这一点了，着重区分了什么是"不想"，什么是"不能"。我们在其他章节里也讨论过，无论我们或孩子多么希望获得某样东西，都不能作为衡量其可能性或衡量孩子是否具备该能力的尺子。做不到的原因并非总是由于没有动机，况且，所有行为的动机也都需要培养，需要你耐心与持续的指导，需要辅助技术的支持。我们不能（也不要）用"他只是不想做"当作自己的借口去逃避更为艰难但更为有效的行为干预。

至于"再努力一些就行"的说法，我们当中有哪位愿意站出来示范一下吗？让我们看看这句话对你曾经反反复复努力想要改变的某个毛病（体重超标、胡乱花钱、烟瘾、拖延症、总迟到、啃指甲、刷手机）会多么奏效。

"我教过他，可他就是不会。"记住，如果他没学，那你就不是在教。你只能以他可以理解的方式来教，否则他当然学不来。

导致孩子情绪崩溃的原因往往没有那么明显，寻找原因的过程也常常会令人沮丧。在你的生活中，以前也许从来没有这么迫切地想让自己变成一名侦探吧，你需要小心分辨、保持警觉、缜密推理、探求线索、揭开谜底、揪出祸根。任何让人捉摸不透的行为都有背后的根本原因，在探求原因的过程中，很需要关注细节，保持好奇，坚持不懈，你得拿出如同生物学家、心理学家、生态学家那样严谨认真的态度，只有这样才能做好一名侦探。

情绪崩溃的触发机制大都可以归纳成几大类别。只要能够鉴别出孩子某个行为的触发机制，你就能够预防他情绪崩溃现象的产生，你能做的就不仅仅是在他情绪问题爆发之后才去进行干预和制止，而情绪问题出现之后再处理往往都非常困难。中国的古语说得好："授人以鱼，不如授人以渔。"你应该掌握鉴别能力，学会识别孩子情绪崩溃的触发机制，只有这样才算迈出了帮助他认识自己的第一步，在这之后，你才有能力考虑如何培养孩子的自控能力。

让我们来看看四类触发机制：

- 感觉超负荷
- 生理或心理触发机制
  * 食物过敏和不耐受
  * 睡眠紊乱
  * 肠胃问题
  * 营养不足
  * 生化系统失调
  * 不明疾病和受伤
- 情感触发机制
  * 挫折感
  * 失望

＊受到欺侮

＊不公平

- 成年人的不良榜样

感觉超负荷

本书一直反复强调，要永远把感官问题放在第一位考虑。

布莱斯3岁的时候，我们到一个亲戚家为我庆祝生日，那里是他熟悉的地方，有他熟悉的人。可是，聚会刚过了一半，他就开始焦躁地在屋里蹿来蹿去，我用以往通常都会奏效的办法来试图安抚他，让他安静下来，但他非常抗拒，不停地挥舞手臂。虽然聚会还没结束，但我知道必须要离开了。我开始收拾外衣和玩具，"等一下，"我那位亲戚历来都很体贴人，他说，"你就这样让一个3岁孩子来决定你的日程计划吗？"我明白他的好意，他是想让我能够继续享受这样难得的聚会，别因为孩子的特殊性而放弃自己本来该有的生活。不过，此时此刻我只能将3岁儿子的需求排在日程安排的最优先考虑的位置上，其实，这不代表我们没法度过一段愉快的时光，也不代表孩子的行为在决定我们大人的计划，其真正的意味是，布莱斯在跟我们交流。由于他的语言交流能力还太有限，我必须主动寻找他这种行为的原因，寻找的结果就是我们应该立刻离开当前的环境。果然，我们离开之后不久，他的攻击行为就消失了，他没有再暴躁，只是感觉非常痛苦。

这个故事的关键在于，我知道当时的环境中有某些感觉信息正在伤害他。我从来不会认为他是故意想要毁掉这场欢乐的亲友聚会，如果这么认为，那毫无道理，因为从发展水平看，他还没有能力做出这种刻意的行为。那个环境是他熟悉的，周围的家人也都是他熟悉和喜爱的，然而很明显，有些我无法察觉的感官信息他可以感觉到，也许是频频出现的某些无法过滤掉的噪声，也许是某种难闻的气味，也许是他感觉太累，也许是周围的人太多了……我不能确定具体原因究竟是什么，这也不重要，重要的是，我们应该及时离开这个令他感觉不适的地方，不让他的负面记忆成为对此次聚会的唯一印象，也不能让他对这个亲戚家留下坏印象。

生理或心理触发机制

食物过敏和不耐受

过敏和不耐受这两个词经常被混用，但事实上有区别。过敏是人体免疫系统的不正常敏感反应，而不耐受，有时候被称为非过敏性敏感，是对食物成分的药理反应，不同的人反应严重程度不同（比如，两粒红色果胶糖就会让一个孩子产生过度兴奋或攻击行为，而另一个孩子吃一大把果胶糖时才会被激发出这种反应）。大量案例证实，食物过敏或不耐受都会导致孩子产生攻击性或情绪化的行为。可能诱发过激行为的食物成分太多了，几乎包括了可食用的所有东西，其中最常见的罪魁祸首是食用色素、防腐剂和其他添加剂，还有牛奶、坚果、草莓、柑橘类水果、贝壳类海鲜、鸡蛋、小麦、玉米，以及大豆等。

要想查清楚哪些食物会影响你孩子的行为，需要至少一周的详细饮食记录，记录进食时间、进食内容，以及产生问题行为的时间。如果你发现某个问题行为与午餐吃的花生酱三明治之间有联系，那么就可以考虑在未来的两周内给孩子禁食小麦或坚果。在做这样的实验验证时，通常一次只禁止食用一种食物，如果要禁的是孩子特别喜爱的食物，那还须留意渐进地减少该食品的摄入量。禁食后孩子的问题行为如果真有减少，还有必要进一步做验证实验：再一点一点重新加入被禁的食物，逐步增加摄入量，观察问题行为在哪个剂量上会明显出现。

睡眠紊乱

如果孩子长期处于疲惫状态，当然就容易出现问题行为。一般我们需要采用那些常用的对付睡眠问题的策略，比如严守作息规律、减少午睡、消除孩子怕黑的环境因素、避免睡前的兴奋刺激——除此之外，在此我们仍然非常有必要再次关注前面曾着重谈及的老对手：感官问题。包括：

- 会发出细微噪声的钟表、火炉或者水龙头，还有那些天气变化带来的细微声响，比如雨水管在排水、风吹动树枝刮到窗户或屋顶等。
- 质感粗糙的床单、毯子或睡衣。有些新买的衣物在感觉上或在气味上会让孩子一时无法适应，尤其是当你用新物品来替换他原本很熟悉的日常物品时。很可能你需要考虑，你认为"正确的"那件睡衣可能比他原先穿的大了一点儿或者小了一点儿。穿什么样的睡衣其实只是个人的偏好，没必要局限于什么正式的或者传统的样式。
- 卫生清洁用品或化妆品产生的刺激性气味。
- 本体感失调带来的身体上的不安全感。如果孩子躺在床上感觉不适，可以试试那种能裹紧他身体的睡袋，或者在床边添加护栏、帷帐和厚实的窗帘，这些也许会有助于改善他的感觉。

肠胃问题

目前我们对这方面的问题尚未有充分的了解，据说有些孤独症儿童会比普通儿童更频繁地出现肠胃问题。一些孩子会用极端行为来表达自己的痛苦感觉。胃酸反流会导致食管疼痛、睡眠紊乱，或让人感觉非常不舒服；便秘及其并发症（大便嵌塞和大便失禁）、腹泻、慢性胃肠胀气等，都会带来生理上和社会性上的影响；还有更严重的疾病，比如克隆氏症（Crohn's Disease）、溃疡性结肠炎、肠易激综合征（IBS），这些都需要及时进行医学治疗。无口语或语言能力较低的孩子无法准确描述自己的痛苦，也无法配合常规检查，因此，有大量孤独症孩子的肠胃问题并没有被检测出来。

营养不良

早年计算机领域有个术语叫"无用输入/无用输出",有的孩子吃得很多,但如果吃的多是营养价值低的食物,他仍然有可能会出现营养不良,从而影响到行为。提高饮食营养的一个方法是少吃深加工食物,多吃各类自然食物。精白面粉、甜食、加工过的肉类、碳酸饮料、果味饮料都是营养价值低的食品,有些还含有高脂肪、高盐、高糖和其他化学添加剂。早餐营养很重要,如果每天上午的问题行为最多,是不是有理由将早餐营养不足作为一个怀疑方向呢?

像对付过敏原一样,改变每天的膳食成分也需要渐进式地开展。企图用快刀斩乱麻的方式来消灭孩子偏爱的垃圾食品,其结果注定会失败。

生化系统失调

可以包括:胃酸过多或不足、胆汁分泌异常、维生素或矿物质不足、酵母或细菌不平衡。这些因素都会导致焦虑、抑郁、攻击性行为、体重紊乱、睡眠问题、恐惧症和皮肤问题。

不明疾病和受伤

对于语言沟通能力有限的孩子来说,中耳炎、龋齿或牙龈问题,以及骨折,都会将他们带入极端痛苦却又无法表述的困境。

情绪触发机制

挫折感

如果孩子已经努力了,但仍未达到你(或他自己)的期望或目标,他会产生挫折感。孩子失败的原因有可能是他并未理解预期目标;或者目标定得过高,超出了他的能力范围;或者目标虽然现实,但他并不理解为什么要这么做，不理解这么做与行为结果之间的关系；或者他缺乏某个具体环节上的能力，无法完成既定的社交、运动、语言任务。

很多年前，我曾听到过关于一个患有ADHD的9岁女孩的故事。一位老师对她说："如果你在三周内行为表现良好，我就会给你买一个冰激凌蛋筒。"那个女孩告诉自己的训练师说："那位老师在开玩笑吧，我完全不清楚什么才算'表现良好'，而且，三个小时我都做不到，就别提什么三周了。还有，我根本就不喜欢冰激凌蛋筒。"

> 目标：不现实、不可能实现的。
> 目标的明确定义：无。①
> 帮助实现目标的指导：无。
> 奖励：不成立的，与付出的努力不等价的。

更具建设性的方案应该有这样六个步骤，老师和学生需要：①首先开展一对一的商谈；②对目标进行讨论并达成共识；③制订具体的实施方案；④目标要具体且短期内就可评估；⑤目标是可以实现的；⑥确定真正具有效力的奖励，鼓励行为动机。例如，在默读时间（午饭前的二十分钟自由时间），要求学生努力静坐在规定的位置上，或者坐在其他更能让他感觉需求得到满足的地方，比如去台子上或者坐在垫子上或者坐进豆袋椅子里，这样他能够更好地完成任务。这个目标的时间较短，只有二十分钟，而且完成之后接着就是午餐时间，更容易确保目标任务的实现。具体实施方案应该以五分钟为一个单位来开

---

① 原注：这里的目标是让学生表现得"好"。可"好"这个词也许是语言当中最具主观色彩的了，孩子如何推测我们所说的"好"究竟是什么意思呢？这个"好"（good）可以是一个形容词，也可以是名词、语气词或者副词。在Dictionary.com这个网络字典上，对"好"这个词给出了59条释义和子释义。"好"是一个可变的目标，会根据不同场合、不同关系、不同的情况而变化。它会在一天中随着时间而变化，还会随着孩子的年龄而变化。"好"并不是一个可以实现的目标，除非你先用孩子可以理解的方式明确地讲清楚，告诉他需要付出怎样的具体行动才能实现这个"好"。

始练习，每次成功就能获得一个代币，积累起来的代币可以换取电脑游戏时间、电影票或者其他双方商定的对孩子有吸引力的事物。

对于大多数孩子来说，体验成功会带来正面感受。成功的经历越多，孩子的挫折感就越少，情绪发作的次数也越少。

失望

如果期盼的人没有来，或者预期事件未发生，那自然就会产生失望感。面对这种计划或事件的改变，普通孩子很容易培养出一定的承受能力，但是在孤独症孩子那里，他们对熟悉的生活、对日常的规律太过依赖了，一旦出现突然的生活变化，而他尚未准备好，不具备足够的承受能力，那他至少需要好几个小时才能恢复原来的状态。对同一件事，每个人的失望程度都有所不同，我们需要齐心协力地充分理解孩子，接受孩子，同情他的感受。在你看来，那只不过是常规的一个小小变动，完全可以接受，但对孩子来说，那简直是个严重的威胁，足以导致他的情绪失衡。孩子的这种失望感的出现，甚至会让你觉得很难预测，例如：你刚从商店给他买了最喜欢的果汁，你们却在去学校的路上遇到了施工，不得不改变常规的路线；他偏爱的电视节目被突发新闻打断；原本与朋友约好的一起游戏的安排，因对方生病而被迫取消。有些情况下，你可以采用预先告知的策略来避免这类情绪失控：告诉孩子今年要去度假的那个酒店的游泳池没有跳板，向他展示酒店手册或网站图片；让奶奶告诉孩子今年感恩节将不吃传统的南瓜派而改吃苹果派；告知孩子今年夏令营的老师不是他去年熟悉的卡尔文，而是一位叫内森的新老师，并带他在夏令营开始之前去见这位新老师。

被欺侮

孤独症孩子很容易被同龄人、兄弟姐妹甚至某些成年人攻击、挑衅或取笑，如今这类事可能出现在电子邮件、短信、网络留言帖或者一些社交媒体上，乃至很多我们未曾想到的其他信息途径。无论这种情况是发生在家里，还是在学校,或者在其他场所,旗帜鲜明的答案就一个:这种事不可接受。你应该审查孩子所处的环境是否友好,因为孤独症孩子无论在语言能力上还是在社交敏感性方面都很弱,他们没有足够的能力来保护自己。孩子会因被欺侮而气愤,导致情绪崩溃,可这还只是开始,接下来孩子很可能还会有焦虑、抑郁乃至慢性疲劳等问题,所以,我们必须要在各类场所保护好自己的孩子或学生。

> 孤独症孩子无法告诉你到底发生了什么,但这并不代表真的就什么也没发生。

在布莱斯读书的小学里,老师和教工们在校风建设和杜绝欺侮方面很用心,也很严格,会及时而果断地处理任何不友好的举动,哪怕很微小的欺侮举动。不过,这样的环境并不是在任何地方都会想当然地存在的,一位妈妈就曾告诉过我在另一所学校里她所遭遇的事:"我儿子上一年级之前,我们从这儿得到的反馈还都是正面而及时的,但上学后,因为每天都遭受同学的欺侮,孩子的状态每况愈下。然而,面对我们的反复质问,学校的老师和校长依然无动于衷,只是劝我说不要过度保护孩子,说我的儿子需要自己学会如何保护自己,还说,很多事情只发生在同学之间,成年人没法片刻不离地盯着所有问题,他不能永远像个被保护的婴儿,他更需要的是集中注意力,认真听讲,服从指挥,主动参与,等等。"

每次听到学校这样的回应,我心里都会感到崩溃:"很多事情只发生在同学之间……"这没错,可是,如果管理者从不去制止的话,这样的事情当然会一直发生下去。无论欺负人的是同学、兄弟姐妹甚至某些成年人,要是我们对此不作为,那就相当于我们默许这类骚扰行为的继续发展。难道只有当被欺负者用愤怒和攻击行为来回应的时候,我们才会出面去制止吗?

因此，我必须再次强调：孤独症孩子无法告诉你到底发生了什么，但这并不代表真的就什么也没发生。大量骚扰和欺侮事件发生于家长、老师和其他成年人所能监控的范围之外，像校车、卫生间、走廊、游乐场等。当你的孩子或学生具有一定的能力时，就应该及时教给他们对此类行为的正确反应：①口头警告对方："停下来，我可不喜欢这样！"②向自己信任的成年人报告。此外，还要知道，我们需要时刻确保自己的雷达处于打开状态，一旦感觉到什么不对头的，就要说出来。

不公平

"公平"这个词在孤独症孩子那里是模糊不清的概念，他们会产生困扰。既然孩子的思维能力尚无法理解这个抽象概念，那么他自然也就不会去考虑公平不公平，但是，他能够知道自己的需求与社会规则之间存在差距。成年人通常认为"公平"意味着公正而没有偏见，认为家庭规范、学校规范、团队规范应该平等地应用在所有成员身上。不过，孤独症让这个游戏赛场的基础倾斜了，变得坑坑洼洼，这时，也就自然无法彻底平等地实施游戏规则了。因此，我们有必要考虑特殊孩子的特殊性，对"公平"这个概念需要有新的理解：

公平不意味着所有事情都要绝对平等。

公平意味着每个人都得到他们各自需要得到的。

成年人的不良榜样

我在工作中曾经遇到过这样一个总经理，每当他想要把责任推卸给别人时，就会不时地使用一些粗俗的比喻。他不用常见的"把球踢回到他们那边"这样的体育类俗语，而是用"把他们拉的屎装回他们自己的口袋里去"。这常常会令人感到尴尬。生动但却恶心的比喻虽然往往会更引人注意，但这绝不是我们应当采取的吸引注意力的方式。

镜子无情，看到了孩子的任何不良行为，我们都应当首先照照我们自己。"生气时讲的话，必将是日后你最感后悔的话。"劳伦斯·彼得（Laurence J. Peter）在其所著的《彼得原理：为什么事情总是错的》(The Peter Principle: Why Things Always Go Wrong)一书当中曾经这样告诫我们：当孩子或学生情绪崩溃时，如果你的反应只是生气和受挫，那么你正在给孩子做出一个不良示范。你是一个成年人，有责任保持一个正面的行为模式。你应该成为自己的行为侦探，找出自己情绪崩溃的易燃点，找出有哪些因素会扰乱你的行为模式，会引燃你的导火索。一旦你觉得自己的情绪越来越激动，那你最好暂时离开那个环境，告诉你的孩子："你生气了（感觉受挫），我也是，我需要自己一个人待几分钟来平复情绪。我现在要去（我房间、屋外或楼上），不过我一会儿就回来，我们接着谈这个问题。"

现在，需要我们警惕了，我们原先的那些漫不经心的言行细节，有可能会恶化孩子所处的社会环境：

- 我们有时会以嘲讽作为回应——嘲弄或取笑他人的痛苦或不幸，却从不肯承认自己犯错。
- 我们会用毫不相关的对比来制造不公平，比如说出"你姐姐从来不这么做"。
- 我们常会在厨房里为些鸡毛蒜皮的事情吵架，会翻旧账，拿先前的事例证明自己的观点，比如"你做得跟你上次一样"。
- 我们常下一些无法证明的判断，比如"肯定是你做的，再没有别人会干出种事了"。
- 我们拔高音调或音量，让孩子更多听到的是我们的语气而不是内容。（想想我们常用来怼人的那句俏皮话："如果我用法语朝你嚷嚷，你就能流利掌握法语了吗？"）
- 我们会设定双重标准，让我们的孤独症孩子遵守一套与其同伴或兄弟姐妹不同的规则。

与我们遇到的其他困难一样，最关键的是要有计划。当你冷静下来的时候，可以想一想自己怎样才能在下一次事件当中处理得更好。然后，把的计划写下来，放到触手可及的地方，定期温习，给自己提个醒。你还可以在浴室镜子前面做角色扮演的模拟练习，看一看自己的表情和言行传递出什么样的信息。

两千年前的古罗马教育家皇帝马可·奥勒留（Marcus Aurelius）曾说过："比愤怒的起因更可怕的是愤怒的后果。"我经常能听到有家长刺耳地宣称："打孩子一顿，才是能让他明白道理的唯一方法，看我打过之后，他就变好了。"我实在听不懂这话，这个孩子还没成年呢，甚至还没有进入青春期，你怎么知道他"变好了"？我经常听别人提起这样的行为，打屁股、拍巴掌、打板子、体罚，但无论称作什么，几乎无一例外，都是在怒气攻心的情形下产生的一种暴力攻击。这种攻击有时只是一时失控，但有时却源于一种错误的信念，认为无须教导，只用这样简单粗暴的方式就能让孩子学会恰当的行为。

大人愤怒的身体反应不会让孩子知道自己做错了什么，更不会教给他应该做什么或者怎么做，也培养不出信任关系所必需的尊重与理解。摆在孩子面前的就是一个他不可能理解的双重标准——成人对孩子这么做是可行的，但他自己要是对别人也这么做，那就是恶劣的行为。这就会带来最为矛盾的后果。在最坏的情况下，这种矛盾会产生不信任和关系割裂。而我们前面刚刚讨论过如何应对被欺侮的现象，很重要的一条就是要教孩子一旦遇到被欺侮的事件就应该向自己信任的成年人报告。信任，不是孩子天生就欠哪位强权人物的，它是必须要靠赢取才能获得，获得之后还需要每天努力维持。不管你是打算采取什么做法或者准备避免什么做法，你都必须考虑如何让自己成为孩子生活中最值得信赖的成年人之一。如果不是这样，那你等到的将是一个可怕的远期后果，假如未来的某天某个成年人或者同龄人攻击或欺辱了他,他很可能就不会告诉你真相。

愤怒是可以传染的,并最终让我们付出代价:浪费了时间、白费了精力、丧失了信任、伤害了情感、降低了自我价值、偏离了远期目标。当然,愤怒也是人类不可避免的情绪之一。我们需要学习如何处理自己的愤怒情绪,提高自控能力,这最终不仅能给你自己带来好处,也会通过你展现出的正面行为榜样,使孩子受益。

挖掘问题行为的原因和后果,这有一个正式的行为干预术语,叫作功能性行为分析(Functional Behavior Analysis, FBA)。对一个具体的行为,我们需要分析:①前提(原因和触发机制);②行为本身;③后果(行为产生的影响)。这种功能性行为分析可以由学校里经过专业训练的行为分析师进行正规的操作,也可非正式地开展,比如由家长在家里进行观察。有了功能性行为分析,我们就可以有计划地改变某个行为的前提和后果,这样的教育过程,能够让孩子做出更多、更合适的行为。

这里有一个极其重要的原则,我必须不厌其烦地强调:行为矫正技术,绝非仅仅用于阻断或者消除某个不恰当的行为。你感觉费解也好,感觉不爽也好,但孩子所有问题行为的发生总是有原因的,而且有可能是为了满足他自己的某种特定的生理或心理需要。如果在尚未对行为原因做出探明的情况下,只是单靠压制来对付某个行为,那只会让孩子产生另一个问题行为来满足自己的内在需要。

学习如何去处理孩子的情绪崩溃不是一件容易的事情,需要我们去探索和发现答案。我认为这个探索过程很奇妙,随着我越来越能够分辨和尊重布莱斯问题行为的触发机制,我们的生活变得越来越平顺。这种导致生活紧张的情绪崩溃,从最初的一天好几次,逐渐减少到一周几次,再减少到偶然的被动攻击反应,到最后完全消失,彻彻底底。不久之后,想起我们曾经勇敢面对并克服了自己的丑恶,我的心里只有感恩。岁月流逝,我渐渐淡忘了那些艰难的日子。这实在是我此生见过的最神奇的特效了。

第十章
请无条件地爱我

每当我听到你说"假如你要是能……"或者"为什么你就不能……"之类的话时,我就能够感觉到你对我很失望了。我不知道,你的父母或老师曾经对你的每一个期望,你都达到了吗?我敢打赌,你并没有,而且我还敢打赌,你也不会喜欢总被他们叨叨这些期望。

并不是我自己选择要有孤独症的,孤独症发生在我身上,而不是你身上。我也想过关于成长的事,关于我要成为什么样的人,做什么样的事,我最感到害怕的是,没有你的帮助,我可能什么都不是,什么都做不成。

我需要你,需要你做我的后盾、我的守卫、我的向导。你会爱我吗,爱这个样子的我吗?会不带任何"假如"或者"但是"地爱我吗?爱我,就让我们一起向前,看我到底能走多远。

"在天堂和地狱之间，存在的不仅仅是空间高度的差别，更关键的是态度上的差别。"这句话出自肯·凯斯（Ken Keys）所著的《无条件爱的力量》(*The Power of Unconditional Love*)。这本书是我抚育孤独症孩子过程中全部情感力量的源泉。这位作者因小儿麻痹症在轮椅上度过了五十年，过着和普通人不一样的生活，他对什么是"残疾"有着深刻的理解。但是，这一切经历并没有阻碍他对生活的热爱，他写了十五本书，告诉读者如何寻找生活中已有的幸福，如何展望未来的路。他说，无条件的爱是双向共赢的，要想更完满地无条件爱别人，我们必须先要做到无条件地爱自己。如果你能够"最全面地接纳自己的每个部分"，那么在你的孩子的眼里，他看到的就是一个无比精彩的示范榜样。

无条件的爱，也就是你不附加"如果"或者"但是"之类限定词的爱，它非常神奇，而且是可以实现的。无疑，把一个特殊孩子抚育成人，这样的生活会充满了艰辛，经常会令人身心疲惫，数着手指过日子。如何果敢地驱走自己的恐惧和失望，如何将曾有的梦想放下来，这是个异常艰巨的任务。孩子的缺陷可能会演变成你自己的缺陷——有些地方你不能带他去，有些社交活动你也不能让他参与，有些人他不能与之相处，有些食物他不能吃……像这样的"不能"也许可以列出长长的一串。但是，我从一开始就非常珍爱而自豪地拥有着我的两个儿子，如此特殊的生活让我深刻而骄傲地理解了无条件之爱，这种爱，即使在生活的磨难中，也从未偏离我们的瞄准镜。

你需要勇气，才能承认自己的恐惧和悲痛，承认那种被捉弄和被榨干的感觉。你很想走出这样的迷宫，但是不知道该从哪里出发。其实，你的出发点就是：知道自己一定可以的，起点就在自己的心中。

一开始，我们也不知道孤独症会将布莱斯和我们的家庭生活变成什么样子，我也不敢说我们的生活变得特别惨，因为周围还有很多人的遭遇比我们更艰难。我的好友的宝贝女儿，才2岁就因先天性心脏缺陷而夭亡，这种痛彻心扉的事要比闯入我家的孤独症更令人悲伤。如今再回想起来，我们当初还是过于悲观了，因为那时候我们曾一度低估了自己所拥有的无价之宝——希望。"载着希望去旅行，比抵达目的地更为美妙。"这是苏格兰诗人罗伯特·路易斯·史蒂文森"[①]1881年写下的句子。

布莱斯让我明白一个道理：幸福并不来自你得到了想要的东西，而来自珍爱你已经拥有的东西。这是我今生今世得到的最珍贵的礼物。一个朋友问过我，你的心态是如何调整得这么好的？你的成功秘诀是什么？

我没有什么成功秘籍，答案其实很简单：坦然接受逆境，优雅而乐观地打好你手上的这副牌。痛苦是一个强大的敌人，需要我们不懈努力去战胜它。一些人做到了，而另一些人还没做到。

本书第三章里我谈到过一位家长，他说因为孤独症，他与儿子无法建立任何沟通，他认为儿子最终会在监狱度过余生。我花了一下午和这位家长交流，帮助他思考，让他再好好想想自己的预言是不是下得太早了，是不是禁锢了孩子未来的可能性。我问他能否每天向前迈进一小步，能不能想象出其他的前景。如果他每天都能花十分钟与那个虽有攻击性但非常聪明的孩子一起游戏，如果每个月都能去学校做一次义工，如果每个周末都能找一个他和孩子都喜欢的餐馆，那会怎样？我相信他很爱孩子，但孩子感受到的，毫无疑问，爸爸的这种爱是有条件的，这种爱是根据孩子的行为表现才付出的，是不顾生理原因，只要孩子失败就不给予的那种爱。在这种"爱"之下，这位父亲与他的孩子永远都无法到达目的地，这位父亲也永远无法走出自己的悲伤与痛苦。

悲伤是真实存在的，孤独症也是摆在我们面前的，父母在得知孩子有孤独症之后，大都会经历一场悲伤的过程。陷入这种悲伤之中无法自拔——真正的悲剧在这里，而并非在于你的孩子有孤独症。

> 孤独症儿童有可能遭遇的最大悲剧之一恰恰就是周围都是些认为这些孩子是悲剧的成年人。

几年前，我看到了一篇报道，是关于一位5岁孤独症孩子的妈妈和一位行

---

① 译注：罗伯特·路易斯·史蒂文森（Robert Louis Stevenson，1850—1894），苏格兰小说家、诗人与旅游作家。

为治疗师的故事,他们创建了一家机构,帮助孤独症家庭制定干预计划、提供家庭干预的支持以及培训咨询服务。"哦,真是大好事。"我当时心里这么想着,但读到后面,我心中开心的气球就被戳破泄了气。当地一位企业家为这家很有前景的孤独症机构积极捐赠,贡献出自己企业的部分销售收入。"我们希望能帮上忙,"他说,"孤独症对一个家庭来说是一场悲剧。"

不用说,我们当然由衷地感谢当地社区在财务和情感方面给予的支持。但我要用最强烈的声音说:你看到的就是你将要得到的。孤独症是家庭的悲剧,这种情况只有在我们让它发生时它才会发生。孤独症儿童有可能遭遇的最大悲剧之一恰恰就是周围都是些认为这些孩子是悲剧的成年人。

设身处地站在你孩子或学生的位置上想一下,你有孤独症,有持续不断的感官困扰,周围充满自己无法理解的对话,以及来自"正常"人的漠视和厌烦,这样的生活会是什么样子的?在很多年前,我就曾经这样设想过,我的结论是,如果我不吞下自己的痛苦,不站出来为孩子挡风遮雨,这世界上还有谁会这样做呢?而且,如果我不现在就做,还要等到什么时候才做呢?

你有勇气现在就想象一下未来的景象吗?如果你不在了,你已经成年的孩子的未来生活将会是什么样?多年来与众多孤独症孩子的父母的接触让我知道,这无疑是他们最害怕触及的问题。这个严酷的问题也是一个令我在这条路上不敢有片刻松懈的问题。如果一个成年孤独症人士的语言能力有限,不理解法律的意义和法律的执行,不理解银行系统,不理解公共交通,不理解守时等基本礼仪,不理解察言观色的沟通技巧,不理解团体合作,那么,他的生活会是什么样?如果缺乏有意义的人际交往,没有有意义的工作,缺少有意义的娱乐和兴趣,那么,他的生活质量会是怎样的?对普通孩子来说,独立的成年生活会自然而然地到来,但是对孤独症孩子来说,同样的未来生活也有机会实现,只不过,要是缺乏成年人及早的干预,就没人敢百分之百地坚信存在这样的机会,而这种每个人可以拥有自己该有的一切并且对自己感到满意的成长机会,本来就该是所有孩子与生俱来的权利。正是凭着"无条件的爱",我们才能教给我们的孩子虽然身处孤独症的困扰当中,但依然拥有生存能力并且保持生活舒适，而不只是简单照搬所谓的典型发育孩子的一切。

我拥有一种与生俱来的无法解释的本能，在面对孩子所谓的"残疾"时，我可以平静地绕过否认和愤怒的冲动，也绕过自哀自怜等就算想避免却又常常不请自来的负面情绪。这并不是什么超能力，我也不是什么超人母亲。我也曾经忍受过，现在也仍然会忍受忧郁与自我怀疑的困扰，仍然会有感觉心如刀绞的难熬时刻。只不过对我而言，这些痛苦煎熬仿佛是上天给我的特意的忠告：你的孩子是不同的、与世隔绝的。你总会不时地受到一些无意的伤害，当主流世界的人们用他们的主流方式传递信息时，你发现这个主流世界中并不包括也不可能包括你的孩子。而且，还存在一些虽然不是故意的伤害但却也是有意而为的安排会直接落在你孩子身上，比如，当班里其他孩子都被邀请去参加某个生日聚会时，当在公交车上遇到一瞥而过的白眼时。如果孩子再大一点，他就会问你自己是不是与其他人不一样。我以为我曾经经历了那么多心如刀绞的痛苦，应当已经有了结实的伤疤，能够与他一起笑着面对这个问题，而我并没有。但是，我的两个儿子越来越成熟，越来越独立，那些伤心时刻在慢慢地减少，在离我们远去，曾经掌控我负面情绪的那些痛苦，如今变得越来越弱。

无条件地爱布莱斯，就需要我为他制造各种平和的生活环境，这看上去好像减少了他很多的社交机会。布莱斯小时候对通常意义上的友情似乎没什么感觉，不需要玩伴，不喜欢去别人家过夜，对踢足球和参加合唱队这种课外活动也没什么兴趣。那时候他也无法忍受在大型场所举办的演出或体育比赛，带他出去旅行需要事先做好仔细的规划。奇怪的是，我从来没有为错过很多活动而感到遗憾，因为他一直很开心，他对自己感觉良好。当然，那时候我也在困惑中，一直有着很多疑问。

布莱斯上中学后，有一天早上我去见他的心理医生，咨询的焦点自然是一直困扰我的社会发展障碍方面的问题。这个问题一直在生活中的方方面面纠缠着我们，但没有任何实质性的进展。在这次咨询中，除了一些实用和可操作的建议，心理医生还给了如下令我难忘的忠告："请记住，所有的孩子，所有的人，他们都有自己的心理发展时间表。现在可能他的时间还不到，但肯定会来的。"

我们曾经给了（而且现在依然在给）布莱斯足够的空间和时间等待这个时间的到来，而它也的确到来了。他依照自己的心理发展时间表，在对于自己来说最为合适的时间点上，发展出他的社交、学业和娱乐活动的能力。相比普通孩子来说，他的发展也许会晚上几年，但与其他同龄的孩子、青少年和成人一样，他都做得很成功。更奇妙的是，一旦他做到了，我们就马上忘记了自己当初曾经多么忧虑，曾经担心他也许永远做不到。

布莱斯从小到大的每一天，我都会告诉他，他是个有趣而美好的孩子，告诉他我是世界上最幸运的妈妈。一开始，我只是习惯这样说，但随着时间的流逝，神奇的事情开始出现，我说的话变成了事实。于是我也变得更积极地去寻找他行为的细节长处来夸奖，我告诉他妈妈很骄傲，他和其他人一样，具有优秀的特征，我羡慕他十分专心地投入功课，我喜欢他把电影里的细节和现实生活联系到一起的想象力。我无条件信任他，因为他从来不说谎，而且他非常注意自己的健康饮食、个人卫生和良好睡眠。随着时间流逝，这些特征已经成为他自我形象塑造的一部分，他慢慢成长为一名沉着而自信、富有同情心、具备职业道德的年轻人。

这个过程可以看作正面的洗脑过程，你对孩子的长处和优点表扬得越多，你和他就变得越来越相信这些优点。

如果你达到这个高度，信任和接纳，给予无条件的爱，你就会发现自己被注入了新的能量。缺乏这种正能量，你就像在跑步时鞋里进了颗小石子，就算这双鞋的质量非常好，可那颗小石子会让你的注意力持续集中在自己的担心上，你只会担心可能受到的伤害，而不再关注前方的道路以及路边的风景。这只是一个简单的选择：你是准备一直带着痛苦和烦恼，让负面情绪持续削弱你的能力，破坏你的生活呢，还是准备丢掉烦恼，把你的全部力量用在掌舵上，带着孩子驶向前方，静待花开？

当今的世界像一条高速公路，以破纪录的步伐，时不我待的速度向前冲去，但这种 21 世纪的快餐文化不应该成为你与孩子去追寻的生活模式。我们的孩子召唤着你，引你另辟蹊径，走上了一条人迹罕至的路，诗人罗伯特·弗罗斯特这样描述道："看上去还好，而且前方也许更美妙。"在这本书的最后，我们又回到了我们一开始的地方：无论是你还是孩子他自己，谁都不知道他最终的成就是大还是小。无人能预测这条路的结局，这不仅因为这条路沿途充满坎坷和曲折、悬崖与峭壁，以及可能会遇到的突如其来的急转弯，更重要的是，这条路本身就没有尽头。当你另辟蹊径，踏上这条人迹罕至的小路时，你是选择让自己充满活力，振奋起来，还是选择疲惫颓废，被生活耗干呢？亨利·福特，美国大工业化时代的代表人物，成功开启了汽车的大众时尚，他认为每个人都"具有无限的潜力，你无法知道自己不能做什么"。

我想用约书亚·李普曼（Joshua Liebman）的《父母的诫命》（*A Parent's Commandment*）中智慧的语言来结束这一章。在我的两个儿子刚出世的时候，我们全家人就开始谨遵这一指导，在他们成长的愉快岁月里，一切似乎都有可能。我简直无法想象，李普曼的这些教导竟然这么具有先见之明：

> 给孩子无条件的爱，这种爱不基于成绩单、洗干净的手或是否受人欢迎。
>
> 给孩子全身心的接纳，接纳他作为一个人的脆弱、他的能力和美德。
>
> 给予他感受真理的能力，让他意识到身为宇宙公民，会历经坎坷，但终将圆满。
>
> 给孩子成长的权利，让他最终独立于你的生活。
>
> 这是你能给予孩子的荣耀法则。

加入我们的行列吧，为了孩子，让我们另辟蹊径，向前行走，我们一定能发现不同凡响的新天地。

小结：选择的力量

A. 茫然

B. 麻木

C. 崩溃

D. 惊恐

E. 以上全是

这些苦涩的词汇构成的多项选择题，描述的正是很多家长在自己孩子最初被诊断时爆发出来的种种情绪。这也没什么奇怪的，我们家长都肩负重担，面对的却是茫然无措的种种抉择，而将要做出的每个决策却又涉及那些让我们深感陌生而且恐慌的问题。随着时间的推移，我们还会发现，需要我们做出这类选择的时刻会一个接一个地到来，永无休止。我们的孩子逐渐地长大成熟，早先那些曾经有用的选择和应对方案也逐渐不再适合了，他们将面临新的挑战，我们也需要继续去寻找和创造，要做出新的选择。

这么多选择，究竟会让我们觉得自己被赋予了力量呢，还是让我们感觉自己将要被其压垮呢？几乎所有孤独症孩子的家长都曾经感觉自己像是被绑在一个钟摆上，荡来荡去，要么选择太多了，要么没有选择。在这种让人惶恐的两极振荡中，我们迫切地

> 我们非常害怕自己做出错误的选择。我们简直就像是在参加一场没完没了的多项选择题考试。

希望能有办法帮助自己在做出选择时拥有自信。虽然我们清醒地知道，天底下没有完美无缺的家长，也知道出错是不可避免的，然而，我们可能还同时认为

自己绝不能犯错，因为失误带来的风险实在太大了，我们非常害怕自己做出错误的选择。我们简直就像是在参加一场没完没了的多项选择题考试。

在我的引导下，两个儿子逐渐长大成人，我的头脑也开始变得轻松了一些，我开始回想自己当年所经历过的种种选择。我曾经做出过太多的选择，数也数不清。不知道要在"1"后面加上有多少个零，要用多少里的长卷才能写下这个数字。我当时做出这些决定的具体情形也千差万别——有些是出于本能，有些则经过了深思熟虑，也有些是乱碰运气；有些决定是令我兴奋的，有些则让我悲伤；有些是我咬紧牙关做出的，有些则是我满怀希望做出的。其中有几个决定无论从哪方面看，我觉得都是出色的，可以算作是我一生中做出的最好的决定。

需要我们不得不做出选择的情况太多了，这的确会让人麻木。当孩子确诊之后，我们就会走进一个崭新的世界，治疗、教育、干预、饮食考虑以及家庭规划，所有这一切突如其来的东西，都需要我们考虑，这给我们带来一片混乱，有点儿像是遭到了狂轰滥炸一般的感觉。我们想要阅读一切所能收集到的资料，想要与所有相关人员去交谈，想要尝试一切可能的东西。我们想立刻踩油门跟上去，却并不知道什么样的速度是合适的，甚至不知道自己该朝哪个方向冲。

我清楚地记得，在布莱斯被诊断出孤独症后的第一年里，我是多么迫切地想要吸收所有我需要知道的东西，感觉统合、语言加工、语言模仿、精细运动发育、社交应对、运动计划、饮食禁忌……我去幼儿园、学前班以及小学参加过无数次会议，这些会议让我感觉是在进行一场又一场的"七对一斗地主"竞赛，我坐在一张儿童座椅上，一排专业人士坐在另一侧与我隔桌相对，似乎他们每个人手里都各自握着关乎我孩子未来发展的一个部分。这些专业人士有特殊教育工作者、普通学校教师、作业治疗师、语言治疗师、适应性体育专家、心理学家、地区孤独症专家……每个人都带来了一沓沓的图表和数字资料，每个人都给出了各自专业领域的知识内容以及观察和意见。

他们给了我的孩子这么多东西，我应该无比感激啊！但是，在当时我最感疲惫的时候，我依然在想，这些东西对他们来说太简单了，他们只需把注意力各自集中在自己曾经接受过严格训练的那一个专业领域，只需要在一天中花上一些时间，只需在一年中花上几天，搞几次这样的会谈讲给我听就行了。而我坐在桌子的另一侧仔细地听着，我的膝盖顶在桌子的下面，不时地被擦到痛到，一同被摩擦的还有我的自信，我努力想让自己在七个领域都能精通并胜任（更别提那些我还不知道的领域了）。我很需要能够厘清一些问题，好让自己对儿子的总体干预规划能够获得最佳的评估，以便接下来在生活中的每一天的每一个小时里我能帮助到他。孤独症给他带来的影响涉及看似无穷多的发展领域，如果我想要做出最佳决定，那我就必须先要获得最广泛的选择范围。我大儿子患有ADHD，他也曾经给我带来了另一套不同于孤独症的挑战。我曾经坐在不同的椅子上，隔桌面对着不同的专家团队，但不变的是，我同样需要做出让自己信服的决定。

随着我儿子们的长大，他们进入了初中和高中，当年那些小巧的儿童座椅也变成了大号的椅子，但是要我做出决策的速度要求和广度要求并没有变化，只是变得更加复杂了，因为随着每个孩子离成人越来越近，赌注也变得越来越高。过去我代他们做了所有的决定，现在他们要开始一点点学着自己做决定了。他们越接近成熟，在决策上也就越需要肩负起更多的责任，要学会表达自己的需求，并知道自己有怎样的选择余地。拥有了这样的能力，他们才能成长为有效的自我倡导者，这种能力对他们成年后的发展至关重要。只有我知道如何鉴别和分析决策是不够的，我还要让儿子们也学会这么做，以他们能懂得方式，循序渐进。

战斗还是逃跑？有一些家长在这种铺天盖地涌来的选择面前，会去寻找离自己最近的一条逃跑路线，而且这种路线也很容易找到。他们会选择由其他人为自己孩子的康复教育做出各种必要的决定。假如缺乏家长参与，那么学校里的工作人员就会根据多方面的因素来对孩子的情况自行做出决策，这些决策当中，有一些是尽心尽力以孩子的最大利益为出发点的，也有一些则是权宜之计或以成本效益为主要动机而做出的。家长可以采取毫不怀疑的态度完全接受教育工作者、治疗师或临床医生的各项建议，不去管这些建议究竟是否是有针对性地适合孩子的个别化需求，还是只是通用性的做法和治疗（"我们对所有孤独症孩子都是这样做的"）。

不过，我遇到的大多数家长或监护人选择的都是战斗而不是逃跑。他们会挺身而出担当起自己的责任，以队长的身份做出种种选择。这些家长认识到，孩子生活中的那些专业人员会不断变化，但是父母和监护人是不会变的。学校教师可能每年会轮换班级，医生和治疗师会换工作，护理人员、咨询师和教练都会来来去去。家长和监护人应该作为信息中心，确保自己拥有全面的知识与智慧，能够为孩子做出全面的选择，能够牢牢地把握方向，在孩子生命进程中的下一阶段，将他交递到可靠的专业人员手里，这些人员还会继续帮助我们做好下一轮的选择。我们常听到这样的比喻，孤独症教育是一场马拉松，而不是短跑比赛。多年来，我自己也一直使用这个比喻，用了很多年，直到后来，我觉得它更像一场马拉松接力赛。我的侄子既跑过马拉松比赛也跑过接力赛，他是这样描述的：

> 在马拉松比赛中，中途你会进入一个舒适的节奏期，跑上几个小时后，比赛就结束了。在比赛前一天晚上以及比赛结束后的当天晚上，你都可以在舒服的床上安睡。对比而言，在一场200英里的接力赛中，跑步者需要抓住一两个小时的时间，睡在一辆货车上、某个体育馆的地板上，或者公园的一棵树下。几个小时的紧张奔跑，随后是几个小时的等待，这时你要超过你的队友赶到下一个接力点，在那里你将会继续奔跑。
>
> 在接力赛中你会比在马拉松比赛中跑得快得多。你会摸黑奔跑在不熟悉的道路上，只有头灯为自己照明。团队中各位队员可能会在不同的时间里就金钱的问题发生争论，还会争吵该由谁来负责提供什么样的资源。有些队友只考虑自己，只强调自己的贡献，而不顾及这会对团队其他队员产

生什么影响。在比赛中，意想不到的一些弯路会迫使一些队员跑得比原先计划完成的路程更远。

听起来是不是很像？抚养孤独症孩子的工作更像是跑接力赛而不是马拉松。我们家长仍然是整个团队的队长，但我们每年都会把孩子交给新老师，在这个过程中，那根接力棒还会传递到新的临床医生和护理人员手中。

整个动态的不断变化的旅程意味着我们的选择就像是钟摆的重心在来回摇荡，在摆动的弧线上，无穷无尽的选择，让我们时而感觉有力量，时而感觉无助。有的时候我们既不见森林也不见树木。

"我别无选择。"

每当我听到有家长这么宣称的时候，通常总能感觉到这话里所带出来的满满的沮丧，而且常常是抑郁、恐惧和愤怒点燃的沮丧。我刚刚在网上搜索了这句"我别无选择"，得到了 2300 万条结果，都是关于痛苦、绝望和凄凉的。在我们感到别无选择，只能对学校采取行动、只能离开自己的配偶或伴侣、只能切断与家庭成员的联系、只能诉诸药物治疗的时候，我们都被痛苦、绝望和凄凉所淹没。或者，我们也可以不采取任何行动，因为我们觉得自己没有选择。（什么都不做，这其实也是一种选择。有时，这甚至还可能是一个明智的选择。）

没有选择的感觉就像有太多选择一样，让人无法动弹。当我在互联网上搜索"我总是有选择"时，只得到 62000 个结果，这只是"我没有选择"数量的一个零头。

当我们说自己别无选择时，其实通常是说我们没有称心如意的选择，没有吸引人的选择，没有可接受或切合实际的选择，或者是说，我们已经用尽了自己能够确信的所有选择。

然而，就算是糟糕的选择，那其实也是一种选择。举个例子，孤独症孩子的家长常见的一个"没有选择"难题是指家庭其他成员的"不选择"，家人不理解也不接受孤独症对孩子将会带来的影响，而且往往还会对孩子的某些行为做出过分的责怪，会对孩子的某些感觉不适表现出不耐烦，会拒绝改进自己的沟通方式，不能做到适应或尊重孩子的特殊需要。"我们家里有几位，他们一出现在孩子身边，就总是会摧毁孩子的自尊心，"一位家长这么告诉我，"我的唯一选择是让这些人静静地从我们的生活中消失。"

> **我们真的别无选择的情况其实很少。**

这位家长的选择是可以理解的，也是合理的，甚至是合乎逻辑的。然而，在她当时的情况下，那并不是唯一的选择。她仍然有下面这些做法可以选择：

- 直面家人，态度强硬："既然你不能接受孤独症对本的影响，那么我们也不接受你继续伤害他。以后不要再跟他接触了。"
- 直面家人，坚定但平和："我相信你很爱本，但是我觉得你并没有意识到自己对他的不断责怪会伤害到他。除非你能够尊重孤独症对本的影响，否则他最好还是不要和你在一起了。"
- 照常参加家庭聚会，遇事说事："才十五分钟，你就批评本两次了，这不是他自己能控制的。如果再这样下去，我们马上离开。"
- 被动式反击，不解释也不交流，直接断绝联系。
- 请一位富有同情心的家庭成员来帮助那位总是冒犯孩子的家人。
- 请家庭成员参加家庭心理咨询。
- 请专业人士，比如本的医生、老师或治疗师，向家人解释本的孤独症情况。
- 让冒犯本的家人自己提出一个解决方案，明确告诉他："我不能再允许你继续不停地责怪本。你愿意采取什么行动来改变当前这种情况？"

只要经过一番认真思考，"唯一的选择"就会变成"有许多选择"。我们真的别无选择的情况其实很少。

词曲作家罗伯特·弗里茨（Robert Fritz）曾经警告："如果你将自己的选择只是禁锢在一个看似可能或看似合理的范围之内，那么你就会远离自己真正想要的东西，剩下的就只有妥协。"我们生怕自己可能做出错误的选择，这种恐惧常常像乌云一样笼罩着我们，使我们的安宁生活淹没在一片绝望的沼泽之中。当我们不喜欢眼下这些选择时，我们会放弃所有可能的选择。有的时候，的确所有的选择都是糟糕透顶的。然而，如果我们认识到无论在怎样的情况下也总会有各种各样的选择，那么我们就会更有信心，相信自己能够做出正确的选择，就算我们面对一大堆的艰难选择而自己又不得不屏住呼吸去做出决定。

拥有了这种不断分析和选择的能力，我们就能最终掌控自己的生活。只要我们认识到，大多数选择的后果并非是无可改变的，我们也就不再会对错误的选择感觉那么恐惧了。当下这一刻的可用资源，让我们做出了最好的选择，而时代在不断变化，我们的许多选择也会跟着不断变化。正因为如此，无论当下这一刻的决定有多么艰难，我们依然可以确信，今日之事未必就注定成为明日之事。

还有什么想法能比这更鼓舞人心呢？

我的两个儿子分别患有孤独症和ADHD，这让他们的学习能力有别于所谓典型儿童。我与孩子的学校之间的关系在很多方面都非常融洽而且富有成效，然而，在一项科目考试上，我却与学校几乎闹掰了。我的孤独症儿子参加的这项考试的成绩非常差，几乎像是考了一门外语，这让我很恼火。我带着火气找到学校，这才发现原来大量问题是在考试试题上，那上面有太多晦涩词汇，已经超出这个年龄段孩子的水平，有的地方的描述文字太过抽象和模糊，还有的地方混杂了太多与测验目标无关的干扰信息。有一位特殊教育专家很赞同我的观点，他气愤地说："这项考试是在有针对性地刁难我学生的每一处弱点。""考试"就这么成了我们家用来骂人的脏词。

所以，不知道算是一种讽刺，还是偶然的救赎，居然是一张讲解考试技巧的纸片，促使我在脑海中形成了"选择的力量"的想法。那是布莱斯大学二年级的某一天，阳光明媚，老师发来一页考试材料，上面写的是多项选择题考试的应试技巧和答题策略。我匆匆看了一下，马上联想到：养育一个孤独症孩子，就如同参与一场无穷无尽的多项选择题考试。

我读了这份应试指南之后，猛然意识到，这些答题技巧也正是我在现实生活中的应对策略和思考方式，它是我在孩子成长历程中逐渐磨炼出来的一套工具。我已经拥有了这套工具，它让我在任何情况下都能找到更加宽广的选择范围，也让我具有了灵活的鉴别心智，从而知道自己还可能拥有更多的值得考虑的选择。随时准备好B计划、C计划和D计划，这已经成为我的第二天性，因此，我很少会感觉自己受困于那种痛苦纠结的状态。

这就是选择的力量——认识到机会的充分丰富，并拥有抉择的能力，这两者紧密融合、相辅相成。

下面这几条就是终极的力量工具，它们是简单而长久、无限丰富却又永远免费的工具。

1. 了解手中的材料

这意味着你要了解自己的孩子，知晓孩子的特殊需求与偏好，这样就能让你敢于拒绝那种所谓"人人都这么做"的选项。这还意味着你要了解和尊重自己的风险承受力以及处理认知和情感信息的最佳节奏。

2. 基于大局衡量选项

我们所做的每一件事，面临的每一个选择，都不仅仅涉及当下的情况，而是都发生在一个更大的背景之下。我们要问自己"这很重要吗？"这样的自我测试可以极大地减轻自己做出选择时的负担，因为很多时候对这个问题的诚实回答都是"它不重要"。

3. 鉴别问题

不要跑偏，不要在本不存在的问题上实施什么解决方案。例如，缺乏切实的具体证据就限制孤独症孩子的饮食，只是盲目地减少了孩子本就不多的可接受食品的数量，这不会带来任何特别的好处。

4. 更多的选择

要认识到，即使你觉得自己已经用尽了所有的选项，实际上仍然还可能有更多的选择。向自己信任的人寻求帮助，请他与你一道集思广益。只要有可能并且条件合适，就让孩子也参与讨论。即使是非常年幼的孩子，他们也会有极为中肯的观点。

5. 运用自己的常识

有人说，如今常识已经不靠谱了。但是不要忘记，就像你的很多批判性思维一样，常识也并非是与生俱来的东西，而是通过经验积累而获得的，聚合你自己的经验与别人的经验，它的形成是一个经历了观察、感知、反思、评价和认知的提炼过程，是对大大小小的实际问题加以理解并做出合理决策的一种能力。我们的常识只要经过打磨、完善，就可以无限制地加以运用，而且它将成为你的决策技能库当中最有力的工具之一。

6. 将选择题改为判断题

将选择变为是非判断，也许可以帮助你揭示答案。例如："XYZ疗法对孤独症孩子总是有用的"（或者它的类似说法："XYZ疗法对孤独症孩子最好"），你可以改问自己："XYZ疗法对我的孩子有益。这是对还是错？"

7. 谨防绝对

"总是"和"从不"的说法是极少适用的极端情况。它只需要一个例外就可以被否定。我们需要保持批判性思考的能力。

8. 使用排除法

结合实际情况做出选择。一项活动、干预或治疗，如果会在财务上、时间上、空间上或心理上给家庭增加过重的负担，那就不可能持续下去。尽可能客观地评估这些选择的预期收益是否现实或者是否值得。

9. 做有根据的推测

有时你必须"参加考试"——在你完成学习之前你必须要做出选择。那就收集好自己所有可用的资源和信息，充分运用自己掌握的知识（有利/不利的列表清单法，对你会很有帮助），将自己的能力、优势和局限都考虑进去，思考哪些选择才最符合自己的常识标准。

10. 忽略干扰因素

这里所说的干扰包括那些兜售恐慌或成心吓唬人的伎俩、根据小样本"研究"得出的结论、"所有人都在做"但对你家孩子有害的活动、漠视或妨碍孩子实现目标的人、各种"必备"工具或"万能"疗法……要想尽可能地减少这些干扰，就要明确界限并专注于自己手头的工作。决定目标的优先顺序，并准备好实现这些目标所需的材料。远离那些有害的人和环境。

11. "找到那个异类"

当我第一次看到这个建议时，我有些本能地闪躲，因为我从来不认为我们的孩子是异类。但是，如果更宽容地理解这个词，我们会得出一个很有价值的观点：那些被忽视的、不寻常的、对大多数家庭都不可行的解决方案，有可能恰恰是最适合我们家的方案。

12. 控制好自己的节奏

设定循序渐进的、可实现的目标，将它们按照优先等级排好顺序，以避免任务过重和相互重叠。要学会在哪些情况下应该多听少说，在哪些情况下如何说不，在什么时候应该慢下来。在设定时间框架时，应该更现实一些，多留一些缓冲的余地，先假定所有的任务都需要花费比自己想象得更长的时间。

13. 相信自己的直觉

我收到的第一条育儿建议也是最持久的一条。我们的第一位儿科医生告诉我："作为父母，你在去做自己必须做的事情时，有一百种方法，其中只有三十种对你来说有意义，但只有十种是你会考虑尝试的，而你真正尝试的只有其中三种。如果你幸运的话，其中一种会起作用。最重要的是相信你自己的直觉。你知道的比你以为自己知道的要多。"

14. 尽最大的努力

几年前，有人建议我不要要求孩子"尽最大努力"，因为"最大"是无法衡量的，会引发孩子的焦虑。可在我看来，这未免有点儿本末倒置。尽自己最大的努力，教导孩子也尽最大的努力，这意味着我们了解自己，建立了自信，能够以自己认为可行的方式来拓展自己。要知道，尽最大的努力并非是一种绝对的状态，它会也将会并且一定会随着时间、环境、年代的改变而发生变化。

这些就是你的力量工具。而对于这些技巧来说，最棒的一件事是什么呢？是它们可以传承。一旦你掌握了这些技巧，你就可以将其传授给你的孩子。如果你的孩子有能力评估自己所获得的每个机会，能够尽己所能地达到自己的最佳水平，能够享受到人人都有权享受的富有成果的有意义的成年生活，那么，你给予孩子的遗产当中，还有什么比这更宝贵的呢？

谁知道呢，在漫长的岁月里，你的孩子也许会运用这些生活技巧来完成他所经历的各种复杂的多项选择题考试。

生活在继续

高中毕业后不久，布莱斯有了个新口头禅"一切都在进化"，他用这句话来谈论自己的生活变化，也用来谈论自己周围的其他所有人的生活变化，包括那些生活中离他很近的，也包括那些离得远的。当你总觉得孩子还太小，生活中困难又太多，度过的每一天都显得那么长的时候，你就会期待孩子的长大，这种想法也许能给你带来些盼头。其实日子过得真是太快了，我的儿子一晃就真的长大了。我现在再回想起他小时候的各种社交冲突和情绪摩擦，觉得那些问题其实都很简单，进入青春期之后一切才开始变得复杂起来。随着孤独症孩子越来越大，他也越来越理解自己的困境；他的自我意识越强，意识到的问题也就越多。成年之后他能否成功，这取决于他自己是否能够真正理解孤独症的特征，是否理解这些特征给自己带来的在学习能力和社交沟通上的影响，是否知道在需要的时候如何去寻求帮助，以及是否有能力在任何情况下评估自己的机会并做出明智的选择。

不出意外的话，每个孤独症孩子终有一天会长大成人，他自己做出决策的责任将会迅猛提升。美国法律上的成人标志是 18 岁生日，就是午夜时钟指针划过零点的那一刻。过了这一刻，很多特殊教育服务就被取消了，他就要开始担负起成年人的诸多责任了。比如，他享有权利去参加选举、结婚、签订合同、参军，从法律上讲，他做这一切都不再需要你的指导，无须你的允许或同意了。他还会面临法律条款中那些针对成人才有的约束，他可以买香烟和色情读物了。对某个医疗方案，他也有权自己决定是同意还是拒绝，假如他不同意，那么你就算作为家长可能也无权与医生讨论他的健康事宜。然而，这一切并不意味着从此以后父母在他的生活中再也起不到任何关键作用了，不意味着我们再也不能提供支持、建议和指导了，只意味着你控制他生活的权力从此时开始被法律大大削弱了。

作为父母，我们从孩子出生之日起就要为他的长大成人做准备，希望他日后能够自立并对社会有贡献。他未来生活的质量，取决于曾经走过的每一天。而在这每一天里，我们都需要问自己，等到孩子18岁成人的那一刻，他将会是什么样子？他是否准备好了迎接成人世界（或者，他至少正在准备中）？他是否依然过于幼稚，缺乏技能，没有办法应付自己所面临的种种抉择？

> 作为父母，从孩子出生之日起就要为他的长大成人做准备，希望他日后能够自立并对社会有贡献。

引导孤独症孩子走进成人世界的过程中充满了微妙之处。在这个过程中，孩子不仅会受到你深思熟虑而做出的选择和行动的影响，还会受到那些你没有采取行动或者你没来得及仔细考虑就做出的事情的影响，诸如你随口说出的什么，或者该说而忘记说的什么、你以往惯有的观点、你曾经有意或无意展示出来的态度等。因此，在你的孩子走出童年之前，还有一件事是我希望你知道的，这是我这位带领孩子从儿童走入成年的妈妈的经验之谈。

你的孩子或学生的表现，会折射出你的观念或其他指导者的观念，他将被你的选择所塑造，你如何有效地教育他做出自己的正确选择，这会影响到他的最终表现。"无论你认为自己能，还是认为自己不能，你可能都是对的。"亨利·福特的这句话再一次回响耳边。对于你的孩子，也对于你自己，这句话道出了一个简单的真理：选择，而非机会，才是引导我们的方向舵。

你的观念，综合了你所拥有的态度、意图和同情心，也包含你在某些方面的缺失而带给你的东西。无论是深谋远虑还是在不经意间，你的观念影响着一切，你对自己孩子的看法、对他的孤独症的看法、对他的未来发展的看法，以及如何看待自己在他生活中所扮演的角色，这一切都决定了你的一言一行，并构建起你以及你孩子呈现给世界的形象。

"你的思想打造你的人生"，这句话出自古罗马的先贤马可·奥勒留。我们还应该将这句至理名言延伸开来：你的思想打造你孩子的人生。我们看待孤独症孩子的观念，比任何干预、饮食或治疗都更具影响力，决定着孩子的学习能力和潜能激发，关乎他是否能够成长为一个快乐的人。如果我们不能将孤独症孩子视为家庭、学校和社区当中的有能力、有乐趣、有价值且理所当然的集体成员，那么谈论任何所谓分层次的教育或治疗也就只是空谈了。

孩子依靠我们，我们要为自己也为他人展现出一个端正的视角，将孤独症孩子看作一类有能力的人，而不是一类有障碍的人。就看我们怎么做出选择了。中国古代的圣人孔子曾经告诫世人，缺乏尊重的人与禽兽无异。我们希望自己的孩子在鼓励中成长，我们希望推动别人改变看法，让其他人在为孤独症孩子做考虑时，一切都出自内心的尊重，我们要做出选择并采取行动，加强整个社会对孤独症人士的尊重。

> 如果我们不能将孤独症孩子视为家庭、学校和社区当中的有能力、有乐趣、有价值且理所当然的集体成员，那么谈论任何所谓分层次的教育或治疗也就只是空谈了。

很多年前我曾经读到过一个温馨的小故事。一对美国夫妇到意大利卡布里岛旅游，在一个坐落于悬崖之上的小咖啡馆里，他们遇到一个自称会讲英语的当地人，带领他们来到阳台上，观看云雾缭绕的维苏威火山，以及波光粼粼的那不勒斯海湾，但是，他口中说出的一串串音节让这对夫妇一个字也听不懂，最后，他指着眼前壮观的美景感叹说："美丽大啊，她实在是这样的很……"

这位当地人所讲的英语，语法和词汇几乎全是错的，可是他想要表达的观点和意图谁都能明白。他喜欢外国旅客能站在一个最美的角度上赞美他的家乡，希望游客不错过任何一个美景。游客看到的奇迹越多，也就越想去探索；探索得越多，也就越流连忘返。你孩子的孤独症也是如此。当你被邀请换一个角度看问题时，你就有可能成为一个开放的思考者和探索者，就会产生好奇心，就能投入热情，不断去寻找和展望，就能发现奇迹。去做你所有能做的事情，拓展自己的人生经历吧！为了孩子，为了家庭，为了社会上那些不了解孤独症的人。你只有开拓了自己的视野，才能鼓励孩子去做同样的探索，才能让他对自己认识得更多，多到能够远远超越孤独症给他带来的限制，令他可以去拥抱和享受一个全景的生活，体验那种"美丽大"。

高中毕业后某月的一天，布莱斯在厨房里一边榨着果汁，往面包上放奶酪，一边跟我说着话。直至今天，我依然非常清楚地记得他当时说出的每个字，他的那些话，无论过去多久，我都会永远记得。他告诉我，在整个高中岁月里，他都在试图定义自己，思考着如何融入这个将其视为异类的世界，但与此同时，他也在一直努力保持着做一个真实的自己，一个自我精心完善的自己。他喜欢自己。

这是一条线，是每个孩子长大成人都需要跨越的一条精细的界线，不过我得说，他的跨越比我想象的来得要早。他微笑着，在那种能让我的心融化的微笑中，他展现出了令人欣慰的平和与自信，他说：

"我不会定义自己为'孤独症人'，也不会定义自己为'正常人'，无论这两个词的定义是怎样的，我都会选择其他的词汇。我选择自己是一个乐观的人，如果非要用一个词来定义一个人的话，那么我对自己的定义就是：乐观。"

思 考 题

第一章

·在你的经历里,一听到"孤独症"这个词,一般公众、家长、教育工作者、媒体,是否会自动产生联想,想到的是有局限的或者"缺少能力"的含义?请举出几个例子来说明你或其他人一说"孤独症"就先入为主地冒出来的联想。

·作者认为,对于孩子的孤独症,你所选择的信念可能正是影响孩子最终结果的最大因素,你是否同意她的这个说法,为什么?

第二章

·为什么作者在全书当中认为感知觉问题对于孤独症和阿斯伯格综合征孩子来说是首先需要考虑和解决的问题?

·列出导致你孩子或学生感觉超负荷,以至于情绪崩溃或要逃离或要自我封闭的三个场合或情境。

·你在家里或学校里可以采取哪些措施去缓解感觉过度敏感和感觉敏感度不足孩子的不舒适感受?

·谈一谈在集体活动中你孩子的感觉问题(过于敏感或过于迟钝)给他带来哪些挑战,会对他的学习能力产生怎样的影响。

第三章

·根据本章所讲的内容,请你举几个特别突出的例子,说一说那些原先被你看作是他"不想",而现在你知道了那是"不会"的孩子的行为表现。

·你自己的哪些行为会让孤独症孩子或学生感觉困惑?或者令他们觉得不

合逻辑，或者感觉消极和无助？

· 家长或教师如何确定一个孤独症谱系孩子是在用行为实施操控，还是他真的需要获得帮助以理解当下的环境？

· 在面临困境时，你通过怎样的策略来帮助自己磨炼成长为一个"我能"的家长或老师？

第四章

· 花上几天的时间，记录自己和家人使用的那些绕弯子的语言，将其中出现的那些成语、隐喻、俚语、双关语等，全改成具体的描述语言。这种方法将会对你与孩子或学生的沟通带来哪些改善？这样做将会为孩子对你的回应带来怎样的变化？

· 谈一谈自己有哪些好的办法，包括使用口语和非语言方式的沟通方法，让孩子在试图与你交流时，向他表明你在认真倾听。

· 画一张沟通策略图表，张贴在家里或教室，用以帮助其他人更有效地与你孩子或学生进行交流。

第五章

· 讨论无语言的与有语言的孤独症孩子在能力上有怎样的差别，谈一谈大家对这种差别的看法，以及会对我们的观念产生哪些影响。

· 谈一谈说话与沟通之间的区别。

· 列出五种我们在对话中常用的非语言沟通行为。你的孩子或学生能够在多大程度上表现出这方面的能力？孩子的个别化教育计划里是否含有非语言沟通行为的教学任务？如果没有的话，为什么没有？

第六章

· 列出三种你自己在生活中使用的视觉提示系统（比如日历、菜谱、地图、钟表等）。如果少了这些帮助，你的生活和工作效率会受到怎样的影响？

- 在生活和教学中你的孩子或学生使用了哪些视觉提示工具？在教室里有哪些？在家里又有哪些？在其他场合呢？你在教孩子使用这些视觉提示系统上做得怎么样？
- 谈一谈如何利用视觉提示工具来帮助孩子掌握独立工作的能力，以及提高他们的社交能力。
- 你是否觉得使用视觉支持工具会让其他人对孤独症孩子另眼看待，被别人看作是一种残疾的表现？如果有这种情况，那有没有什么其他技术或方法替代视觉辅助而又能保证为孩子提供同样的支持？

第七章

- 在一张纸的中间画一条竖线，把孩子或学生的名字写在最上面，左边的这一列写上标题"能做到"，右边的一列写上标题"不能做到"，在五分钟内，请你填写好左右两列，写出孩子能做和不能做的各种事情。你是不是觉得五分钟的时间太长了，自己写不出太多内容？那么，请你好好想一想原因。如果你在填写的时候感觉到有难易之分，一列容易写而另一列难写，那么也请你好好想一想，这是否与你对孩子的看法有关。
- 你如何引导孩子将自己的优势用在学业、娱乐和社交上。
- 你了解孩子最主要的学习模式吗？
- 谈一谈并想一想，你曾经听到过哪些事情是经常被人判定为孤独症孩子"永远做不到"的？你觉得在自己的孩子或学生身上，这些事情中哪些是被说中的？

第八章

- 谈一谈什么才是"好的社交技巧"。
- 为什么单靠死记硬背不足以掌握社交技巧？

・你认为孤独症或阿斯伯格综合征孩子,能够通过自己的观察或者通过与其他儿童的融合就可以掌握社交技巧吗?你在多大程度上持有这样的看法?对你安排社交训练会产生怎样的影响?

・谈一谈社交技能的教学与社会适应性的教学的区别。

・列出能够成功适应集体环境所需要具备的社交能力,再谈一谈你的孩子或学生现有的这些能力水平,他们在实际社交中运用得如何?

・分析社交技巧在不同场合中的差异:

  *不同文化背景下的差异

  *不同场合中的差异(家里、学校、公园、别人家中)

  *不同人际关系中的差异(家人、同学、老师、陌生人)

・当你教一项社交技能时,你会在多大程度上还同时教孩子了解这项技能对自己和他人的重要性?教孩子了解这项技能会令他人产生怎样的感觉、做出怎样的反应和回馈?如果这方面的教学你还未经常开展,原因是什么?你打算如何改进?

第九章

・你是否在尚未分析清楚孩子或学生某个行为的明确根源时,就开始试图压制这一行为?其结果怎样?

・描述一个你自己希望得到改变的行为,这个行为满足了什么?你曾经试图消灭它吗?你是怎么做的?成功了吗?再对照着联系到你的孩子或学生身上,看看你是如何努力试图改变孩子的问题行为的。

・哪些环境因素或生理因素会触发孩子或学生出现不当行为?你是如何一步一步找到原因的?

・情绪因素是怎样触发孩子或学生的不当行为的?你是如何一步一步找到原因的?

- 你在家庭生活中或在学校教室里制定了哪些礼仪规定以确保人与人之间的相互尊重？在这些规定中，大人和孩子的标准是否有所不同？为什么？
- 以身作则，给孩子或学生示范你期望的行为有多重要？

第十章

- "无条件的爱"对你来说具有怎样的含义？
- 你能做到无条件地爱自己的孩子或学生吗？你是否坚信这是应该的也是必须的，为什么？
- 你是否现在或者曾经将孩子的孤独症视作一场悲剧？你的观念是否随着时间而有所变化？怎样变化的？为什么？
- 在家庭内部，面对亲密家人之间的差异，应该如何做到彼此互相接纳？
- 作者认为，面对孩子的孤独症的挑战，我们要走的是一条"没有终点"的漫长之路。这种说法带给你怎样的感觉？

小结：选择的力量

- 对于可能做出错误选择的恐惧，会在多大程度上影响你的决策？
- 在生活的哪些领域，你会有意或无意地允许他人（教师、治疗师、家人等）对自己的孤独症孩子的健康、教育和安宁生活做出选择？找一个你最希望改变的领域，开动脑筋，想出两件事情来着手执行你的改变计划。
- 描述一个你当初觉得自己没有选择的情况。读了本章之后，你能够再描述一下吗？看看有哪些可能的其他选择而你当初并没有意识到。
- 为帮助你做好选择，作者给出十四条策略（力量工具），这当中的哪一条最能引起你的共鸣？哪一条又是你看上去最难应用的？为什么？

更多的思考题

- 阅读本书之前，你对于孤独症孩子或学生有什么期望？在读完这本书之后，你的期望值是否有所改变？如何改变的？是什么增强了你现在的想法？

·阅读本书之前，你对于孤独症持有的一般性看法是怎样的？这本书的内容是否改变了你对孤独症的认识？如何改变的？是什么增强了你现在的想法？

·如果你打算把这本书推荐给朋友或同事，你最希望向他们传递书中的哪些内容？

·你阅读这本书之后，你的孩子或学生的生活会因此而不同吗？你自己的生活会因此而不同吗？

图书在版编目（CIP）数据

孤独症孩子希望你知道的十件事 /(美) 埃伦·诺特波姆 (Ellen Notbohm) 著；秋爸爸，燕原译. -- 2 版. -- 北京 : 华夏出版社有限公司，2021.7（2023.7重印）

书名原文：Ten Things Every Child with Autism Wishes You Knew（Third Edition）

ISBN 978-7-5222-0107-8

Ⅰ．①孤… Ⅱ．①埃… ②秋… ③燕… Ⅲ．①孤独症－儿童教育－特殊教育－家庭教育 Ⅳ．①G76②G78

中国版本图书馆 CIP 数据核字（2021）第 032160 号

TEN THINGS EVERY CHILD WITH AUTISM WISHES YOU KNEW（THIRD EDITION）
by ELLEN NOTBOHM
Copyright © 2019 ELLEN NOTBOHM
All rights reserved
Simplified Chinese translation rights © 2021 Huaxia Publishing House Co.，Ltd.
Simplified Chinese translation rights are arranged through Kleinworks Agency

©华夏出版社有限公司　未经许可，不得以任何方式使用本书全部及任何部分内容，违者必究。

北京市版权局著作权合同登记号：图字 01-2021-0577 号

孤独症孩子希望你知道的十件事（第 3 版）

作　　者	[美] 埃伦·诺特波姆
译　　者	秋爸爸　燕　原
责任编辑	薛永洁　许　婷
出版发行	华夏出版社有限公司
经　　销	新华书店
印　　装	三河市少明印务有限公司
版　　次	2021 年 7 月北京第 2 版　2023 年 7 月北京第 2 次印刷
开　　本	720×1030　1/16 开
印　　张	10.25
字　　数	150 千字
定　　价	49.00 元

华夏出版社有限公司　地址：北京市东直门外香河园北里 4 号　邮编：100028
网址：www.hxph.com.cn　电话：(010) 64663331（转）
若发现本版图书有印装质量问题，请与我社营销中心联系调换。